www.quebecloisirs.com

UNE ÉDITION DU CLUB QUÉBEC LOISIRS INC.
© Avec l'autorisation de Marjolaine Caron
Dépôt légal — Bibliothèque nationale du Québec, 2004
ISBN 2-89430-644-X
(publié précédemment sous ISBN 2-9807446-0-3)

Imprimé au Canada

Remerciements

À Sylvie Rouillard et Monique Chouinard, pour avoir fait la saisie du manuscrit avec beaucoup d'attention et d'amour.

À Lise Brault, mon assistante, pour m'avoir rappelé constamment l'importance de livrer cet ouvrage à l'humanité, pour son soutien et sa confiance en moi.

À Jean-Paul Deslierres, pour avoir cru en moi et pour avoir, sans relâche, fait appel à Dieu pour me soutenir afin que je rende à terme ce projet.

À Luc Lapointe, pour m'avoir propulsé aussi librement et pour avoir su me laisser prendre mon envol pour accomplir cette tâche de messagère sans frontière.

À Frédéric Lapointe, pour avoir partagé avec moi une partie de son enfance et de son adolescence. Merci Fred de ton amour inconditionnel. Tu as une grande place dans mon coeur.

À mes fils, Charles-André et Alexandre, qui m'ont encouragée à vivre ma vie de femme à travers ma Mission. Je les remercie surtout de «voler» librement... Ils sont le Cadeau de ma Vie!

À Sylvie Petitpas, mon amie précieuse, ma thérapeute, ma correctrice et réviseure, sans qui ce livre ne serait pas né. Pour son accompagnement dans la réalisation de mon unicité.

À Guy Caron, mon frère, pour m'avoir fait réaliser la beauté de la vie et la force de l'humain, par sa lutte contre la leucémie vers la guérison. Tu es mon «héros».

À tous les défunts, les Anges et les Archanges, pour leurs merveilleux messages de guérison, leurs enseignements et leur amour magique.

À mon âme, pour la force, le courage, la persévérance, l'Amour de la Vie que Tu as placé en moi.

Et, enfin, merci à la Vie!

À Charles-André et Alexandre,
mes fils, sans qui je ne serais
pas devenue «Qui Je Suis».

Table des matières

Préface

Ah ! Si les morts pouvaient nous parler ! Si seulement ils pouvaient revenir et nous faire part de leur expérience dans l'Au-delà ! Comme ce serait rassurant de savoir que la Vie continue même si cette bonne vieille enveloppe terrestre n'est plus là comme preuve irréfutable que je suis VIVANTE, que tu es VIVANT... Et comme ce serait réconfortant également de savoir les nôtres heureux, en PAIX ! Comme ce serait bon de recevoir des signes de vie!

Qui d'entre nous n'a pas tourné et retourné dans sa tête ces réflexions ? Qui n'a pas réfléchi sur la vie et la mort, la séparation, la continuité, l'absence si douloureuse qu'on a parfois l'impression d'avoir le cœur broyé, ce cœur qui essaie de nous dire sa souffrance devant le vide causé par la disparition de l'être aimé. Dans ces moments, on implore un signe, on supplie l'autre qui n'est plus là de se rappeler à nous, de se manifester sous une forme ou une autre... Et si ce désir est vraiment très fort et que la foi est au rendez-vous, il arrive que des miracles se produisent.

Marjolaine Caron a en elle la foi qui ouvre la porte à l'expression des manifestations des personnes décédées. C'est pourquoi elle a choisi, il y a maintenant plus d'une dizaine d'années, de consacrer une partie de sa vie à recevoir des messages provenant de personnes qui ont quitté le plan terrestre et à les transmettre aux personnes qui continuent d'y vivre. Des messages remplis d'Amour, de Conscience, de Joie et d'Espoir. Messagère de premier plan, elle ne savait pas qu'en acceptant le contrat qu'on lui proposait de l'Au-delà, elle aurait à accompagner un nombre sans cesse croissant de personnes, pour les aider à continuer et parfois même à renaître à leur propre vie à la suite d'un deuil.

Marjolaine ne savait pas non plus que son bureau deviendrait un lieu privilégié de rencontres entre les deux plans. Ni qu'elle aurait elle-même l'immense privilège d'assister à des retrouvailles parfois inouïes, ni que les signes de la Vie après la mort s'accumuleraient au fil des années. Elle ne savait pas non plus qu'elle aurait un jour le goût de partager avec nous tous ces nombreux «signes de vie» reçus de l'Au-delà.

La première fois qu'elle m'a parlé de son nouveau projet d'écriture, j'ai pensé à l'immense pont qu'elle pourrait contribuer à construire pour installer un dialogue entre ceux qui restent et ceux qui partent. Je me suis rappelée très précisément ma première rencontre avec elle. Bien qu'ouverte à ce type d'expérience, je ne m'attendais pas à cet état de grâce qui allait m'habiter pendant toute la rencontre. Car c'était une véritable rencontre, un rendez-vous d'amour entre ma grand-mère et moi. Je me sentais merveilleusement bien et, pendant que Marjolaine me faisait la lecture du message reçu par canalisation au moyen de l'écriture automatique, mon âme s'élevait dans la Joie. Je reconnaissais ma "mémé" dans la nature même du message qui m'était livré. Il n'existe pas de mots pour nommer cette plénitude intérieure, cette certitude de n'être pas séparée de l'autre mais bel et bien reliée par une communication intime provenant d'un monde invisible.

Ce jour-là, je me disais qu'il devait bien y avoir un moyen d'élargir cette communication, de la rendre accessible au plus grand nombre possible. Aussi, quand Marjolaine m'a parlé du livre, je me suis réjouie à l'idée de tous ces lecteurs et lectrices qui, à leur tour, pourraient bénéficier de l'éclairage reçu et transmis par cette femme qui avait osé entrer au plus profond d'elle-même, pour y accueillir ses dons et ses talents et les mettre à notre service.

Je suis persuadée que la lecture de «Je vous donne signe de vie» vous ouvrira de nouveaux horizons et que ce voyage intérieur vous mènera au cœur même de votre être. Laissez-vous recevoir vos propres signes, soyez à l'écoute...

Sylvie Petitpas,
thérapeute

Prologue

Le 28 janvier 1989, ma vie a basculé. Un cadeau m'est tombé droit du Ciel. Sur le coup, j'ai plutôt cru que c'était une brique qui me tombait sur la tête. Je recevais pour la première fois une manifestation des esprits défunts par écriture automatique. En posant mon crayon sur une enveloppe, j'ai senti ce dernier tirer, pousser, monter et descendre sans que je puisse avoir quelque contrôle que ce soit ! J'étais figée, le souffle court, j'avais très chaud ! Un mélange de peur et d'extase à la fois. Une joie accompagnée d'un choc ! Bref, une porte de mon esprit s'ouvrait sur un monde nouveau et invisible. Une personne décédée très chère à mon cœur venait de me donner signe de vie.

Les premiers temps, les messages que je recevais étaient vagues pour certains et très précis pour d'autres. Je me torturais mentalement à douter et à chercher dans les communications la preuve de la survie de l'âme. Étais-je la proie de mon imagination ? Étaient-ce des projections de mon inconscient ? Chaque fois que j'entrais dans ces états de doute et de résistance, la Vie m'envoyait un signe tellement clair que j'en étais moi-même confondue. Au bout de quelques années, la foi s'est enfin installée en même temps que la certitude de la Vie après la Vie. Tout devenait clair pour moi. Les morts communiquaient avec moi dans l'espoir de lever le voile qui sépare la réalité d'ici de la réalité de l'au-delà.

Un contact authentique avec une personne chère décédée apporte une guérison à notre âme, puisque l'essence du message est toujours que «la mort n'est qu'un passage d'une dimension à une autre». Lorsque nous disparaissons, nous disent-ils, vous apparaissez, vous vous éveillez à ce que vous êtes vraiment au-delà de votre personnalité humaine.

Dans mes expériences d'écriture automatique, j'ai également eu le bonheur d'entrer en contact avec des Êtres de Lumière. Des Anges. Depuis douze ans maintenant, j'ai ainsi reçu de leur part des centaines de messages d'espoir, d'amour et de connaissances spirituelles et thérapeutiques. Un jour, ils m'ont invitée à devenir messagère de l'Au-delà. À servir de pont de lumière entre le Ciel et la Terre. Entre les âmes incarnées et désincarnées. La demande était claire et je ne pouvais refuser ce qui m'apparaissait comme une mission. Je me suis souvenue alors que tous les emplois que j'avais occupés auparavant étaient liés à la messagerie. Le premier poste que j'avais obtenu à l'âge de 16 ans était celui de téléphoniste à l'interurbain. Ensuite, j'avais travaillé dans le domaine de l'imprimerie, dans le service de courrier messagerie, et, par la suite, à la radio et à la télévision. Je me préparais depuis longtemps à «transmettre». Il s'agissait simplement d'ajuster mon canal à de nouvelles fréquences vibratoires.

J'ai donc souri à l'invitation de mes Guides de servir de messagère entre le Ciel et la Terre. Ma réflexion fut brève. Ma décision ne portait que sur une chose importante à mon cœur : le don que j'avais reçu ne pouvait être un «cadeau» que si je le partageais avec le reste de l'humanité.

Depuis le printemps 1992, j'ai aussi eu le privilège d'être témoin de nombreuses et merveilleuses retrouvailles. La Lumière m'a permis d'assister à ces rencontres d'âme à âme et d'accompagner des hommes, des femmes et des enfants de tous âges dans le processus de guérison d'un deuil. Consciemment ou inconsciemment, chaque personne reçoit la dose d'amour qu'elle est prête à recevoir pour l'intégration et la transformation de sa conscience.

Les histoires que je vais vous raconter dans ce livre sont à mes yeux des histoires sacrées d'Amour et de Lumière. Je vous les offre. C'est un généreux cadeau des personnes qui les ont vécues et des Anges. Puissent-elles vous inviter à réfléchir ! Et surtout, puissiez-vous fermer ce livre en le posant sur votre cœur pour goûter ce baume sur votre âme endeuillée.

À tous ceux et celles qui ont vécu avec moi l'expérience d'une correspondance avec l'Au-delà, je veux dire merci du plus profond de mon être. À tous les défunts qui ont transporté leur Amour, leur Lumière et l'Espoir d'une Vie Nouvelle à leurs proches, à travers ma plume, mon cœur et mon esprit, merci du respect avec lequel vous utilisez ma forme. J'aurais voulu raconter toutes et chacune de vos histoires mais je dois m'en tenir à quelques-unes.

Encore là, je me fais l'instrument du Divin et je transmets ce qui m'est inspiré. Que cette lecture vous réjouisse !

Introduction

Ce matin-là, je me levai tôt. Je devais réfléchir et organiser ma nouvelle vie. Ma mère entrait à l'hôpital. Un cancer de l'utérus. Nous étions encore six enfants à la maison. J'allais devoir abandonner temporairement mes études pour prendre la relève. À 15 ans, je devais désormais être capable d'organiser le quotidien de ma famille. Au fond de mon cœur régnait une grande volonté de réussir à combler les besoins de chacun, afin que ma mère puisse se sentir libérée de toutes ses inquiétudes. Je voulais tellement qu'elle parte tranquille. Mais comment l'aurait-elle pu ? Nous étions là, nous serions tous là après sa mort… et cela, elle se le rappelait chaque fois que l'un d'entre nous respirait autour d'elle…

Ma mère savait ce jour-là qu'elle partait pour ne plus revenir. Elle laissait derrière elle douze enfants avec un père alcoolique comme seul soutien. Mes grandes sœurs avaient commencé à former leurs familles respectives. Leur désir d'aider cohabitait probablement avec un sentiment d'impuissance face aux lourdes responsabilités et aux graves décisions à prendre. Elles ont fait beaucoup pour nous, les six plus jeunes. Ma mère savait cela aussi... C'était une situation terriblement difficile pour chacun, surtout pour elle. Dans ses beaux yeux gris s'était creusé un fossé, comme pour ne plus regarder derrière elle. Mi-clos, ils ne brillaient plus, ils étaient silencieux autant que sa bouche. Il n'y avait plus rien à dire. La mort étant un sujet tabou, elle gisait là, à notre porte, sous nos yeux, et personne n'osait la regarder en face.

Comme pour dissimuler ma peur et mon angoisse derrière une fausse bonne humeur, je commençai ma formation de «mère de famille». «Maman, est-ce qu'on peut laver les bas avec les serviettes ?» lui demandai-je. Elle leva les yeux et les referma doucement, comme pour récupérer l'énergie qu'il lui fallait pour me répondre. Sa fatigue était si grande, chère maman ! Après une pause et une profonde respiration, elle expira sa lourde réponse : «Ben non, Marjo, les bas et les sous-vêtements, tu les fais bouillir sur le poêle pour les désinfecter. Tu mêles pas ça avec le blanc, ni les couleurs...»

Les plus jeunes avaient quitté pour l'école. Personne n'avait fait allusion à son départ. Je crois que nous étions tous terrorisés. Mon père aussi. Ce moment, je ne pouvais le fuir. Je serais là, «témoin» du dernier regard de ma mère sur cette vie, dans cette maison. Mon père voyait à ce que toutes ses choses soient rassemblées. J'avais commencé à nettoyer. Les rideaux se soulevaient, les fenêtres s'ouvraient, je voulais aérer. De son lit, j'arrachai les draps tachés de sang pour les faire tremper. En me voyant, je crois qu'elle avait ressenti de la honte et du dédain pour cette maladie qui l'empoisonnait. Je remuais tout, je continuais d'afficher une bonne humeur et un entrain... forcés. J'étais en survie.

Je voulais qu'elle sache que j'étais capable de tout. Je m'énervais. Tout à coup, elle se mit à pleurer. Je crois que nos souffrances s'entrecroisaient. Cet instant d'amour intense, palpable et non dit, était insupportable. Comme ma mère avait pratiqué toute sa vie le refoulement et que j'avais été une très bonne élève en la matière, nous ravalâmes ensemble le poison amer de nos blessures.

Mon père s'empara de la petite valise et d'épaisses serviettes afin de protéger le siège de la voiture en cas d'hémorragie. «O.K. ? Ready ?» dit-il. Sans répondre, elle se leva et devant le miroir de sa chambre, elle glissa sur ses cheveux couleur argent, un foulard de soie fleuri qu'elle noua avec lassitude sous son menton. D'un regard affolé, elle faisait le tour de la chambre, de la cuisine, du salon. Elle mit son manteau mauve, que mon frère aîné Richard et sa femme Gisèle lui avaient offert pour Noël. Peut-être sa dernière et ultime coquetterie. Elle tapota ses poches, retourna la tête de gauche à droite. Peut-être se demandait-elle : «Qu'est-ce qu'on peut bien apporter pour aller mourir ?... Rien».

Aujourd'hui, je l'aurais accompagnée. Je lui aurais rempli une petite valise de courage, d'espoir et de foi. Je lui aurais donné des messages d'amour pour qu'elle emplisse son cœur de toute la bonté dont elle nous faisait cadeau. Aujourd'hui, je saurais prendre ma maman par la main et lui montrer le chemin vers la Lumière. Aujourd'hui, je sais la force de l'accompagnement des êtres chers dans le Passage.

Mais là, à ce moment précis, j'étais simplement une adolescente murée dans son chagrin et sa peur, qui aurait eu elle-même grand besoin d'accompagnement.

Lorsque maman saisit la poignée de la porte, elle se retourna une dernière fois... Ses yeux si beaux me disaient tout ce qui se vivait en elle. «N'aie pas peur ma belle fille... je serai toujours là pour toi. Je t'aime. J'ai peur pour vous autres mais je suis au bout de mes forces, au bout de mon corps. Je dois partir. Me pardonnes-tu, mon ange ?» J'entendais ces paroles que son âme voulait me transmettre et ne pouvais y répondre. Elle ferma ses yeux et de grosses larmes coulèrent silencieusement sur son visage épuisé.

Impossible pour moi de m'approcher d'elle, de la toucher. J'ai regretté longtemps de ne pas l'avoir prise dans mes bras ce jour là, pour lui murmurer à l'oreille «Je t'aime maman. Merci et va, rentre chez toi te reposer. Nous allons survivre». J'étais restée là, tentant de lui faire croire que tout était bien au-dedans de moi, pour qu'elle souffre un peu moins.

Je ne tenais plus, il fallait qu'elle ouvre cette porte et qu'elle sorte, afin qu'éclate en moi ce volcan de douleurs sur mon cœur d'adolescente et d'adulte prématuré. Enfin, elle redressa le menton et d'un ton précipité, elle dit : «Bye là ! Fais la bonne fille». Une phrase qui m'a suivie très longtemps dans ma vie mais dont j'ai réussi à faire le deuil. Parce que ce jour-là, la petite fille en moi voulait crier, hurler sa colère contre Dieu, contre la Vie. Elle voulait avoir le droit d'exprimer sa peur, son chagrin, son sentiment d'être abandonnée. Mais elle avait fait son devoir de «bonne fille» pour garder l'amour de sa mère.

Derrière la porte close, maman gémissait elle aussi. Aussitôt que le bruit de la voiture, en route vers la mort, s'estompa, ma respiration prit l'allure d'un état de panique. Je tremblais de tout mon être, la douleur ne trouvant plus la porte de sortie. L'état de choc... les oreilles qui bouchent, le chaud, le froid qui se rencontrent dans les corridors de nos vaisseaux sanguins. Je me recroquevillai sur le plancher, en fœtus, comme pour tenir ma plaie, de peur qu'elle ne déchire, qu'elle n'ouvre. Je me vidai comme je le pus de toute ma douleur, de toute mon angoisse.

Écrasée, j'allai m'asseoir dehors, dans l'escalier. Le même escalier où j'avais si souvent attendu mon père, toute petite. J'y suis demeurée un long moment, je crois... jusqu'à ce qu'un état second m'habite. L'état de survie de l'âme. Une grande paix m'envahit, je ne sais plus à quoi je pensais... Peut-être un Ange est-il venu me toucher, toucher mon âme pour me rappeler que la Mort ne nous sépare pas, que je n'étais pas et ne serais jamais seule ! Peut-être que ce jour-là, la porte des communications avec l'Au-delà s'est ouverte, que la «correspondance avec le Monde des Esprits» a pris naissance ! Qui sait ? Ce que je sais, c'est que dans les corridors les plus sombres de mes vies, j'ai vu la Lumière, j'ai rencontré mon âme.

Ces souvenirs douloureux sont remontés très précisément à ma mémoire, il y a près de douze ans, alors que je vivais un divorce. Lorsque nous expérimentons la mort, sous quelque forme que ce soit, les deuils du passé refont surface. La plupart d'entre nous n'aimons pas retourner dans le passé. Nous avons tendance à croire ce qu'on nous a si souvent dit : «Le passé est passé, il est mort. Il faut regarder en avant, ça ne sert à rien de remuer le passé. Laissons les morts avec les morts».

Ma perception actuelle est tout à fait inverse. Car si j'ai reçu la Grâce et la Lumière pour écrire ce livre aujourd'hui, si j'ai pu à travers les nombreux deuils de ma vie jusqu'ici, garder l'équilibre et le goût de vivre, c'est que j'ai accueilli ce passé et que j'ai accepté de m'y retremper afin de guérir mon âme de ses blessures. C'est ainsi que j'ai pu refaire connaissance avec la jeune fille de 15 ans en moi et lui donner enfin tout l'amour et toute la compassion qu'elle attendait de moi. J'ai fait de même avec toutes les parties de mon être qui ont été blessées et dont j'avais cherché à me séparer pour me protéger. Aujourd'hui, je peux regarder librement devant moi. Je sais et j'assume que je suis celle qui avait choisi cette incarnation, avec toutes les personnes et tous les événements qui ont fait et qui continuent de faire partie de mon Plan de Vie.

J'accepte la Vie et la Mort. Comme j'accepte les changements de saison. Et surtout j'accueille mes peines et mes joies, mon audace et mes peurs, l'Ombre et la Lumière en moi. Ce livre se veut un outil d'accompagnement, un trait d'union entre le Ciel et la Terre ! Je vous l'offre avec mon cœur d'enfant et la sagesse de mon âme.

PREMIÈRE PARTIE

Des signes de l'invisible

Chapitre 1

KAMILLE, la petite chenille

Kamille avait presque trois ans lorsque le diagnostic médical frappa de plein fouet. Leucémie. Un mot qui fait mal, un mot qu'on voudrait n'avoir jamais à prononcer. Surtout lorsqu'on est parents de deux belles filles et que ce mot vient voiler l'existence de la plus jeune des deux. Pour les parents, c'est le cauchemar qui commence, la lutte contre la montre, la frustration, la colère, la peine, la peur et toute une gamme d'émotions et de sentiments qu'aucun mot ne saurait décrire.

Les parents de Kamille, dans leur grandeur d'âme, m'ont permis de vous transmettre l'histoire de leur petite chenille bien-aimée. Ils l'ont fait dans le but d'apporter un peu d'espoir et de réconfort dans le cœur et l'âme des personnes appelées à vivre de semblables expériences.

Guylaine et Dany se sont engagés à fond dans leur combat contre la leucémie. Leur petit ange aux cheveux dorés ne pouvait pas les quitter ; c'était trop injuste ! Pendant un an, ils l'ont accompagnée sans relâche dans toutes les phases de sa maladie. Ils ont vécu sous le toit des hôpitaux, lui prodiguant soins, amour et affection, se relayant jusqu'à épuisement auprès de leur bébé. Ils ont même expérimenté le détachement matériel, avec l'insécurité qu'il peut générer, en faisant le choix de quitter leurs emplois respectifs pour s'engager totalement dans l'ultime combat pour la vie de leur enfant.

Tous les deux ont vécu bien des étapes au cours de cette douloureuse année. Pour Dany, c'était inacceptable, injuste, impossible. Il ne pouvait voir aucun sens dans cette épreuve et ne pouvait comprendre qu'une si petite fille doive souffrir autant. Quant à Guylaine, elle s'accrochait de son mieux à l'espoir de la guérison. Reliée plus que jamais à son enfant, le fil de l'espérance lui donnait la force nécessaire pour continuer.

Au bout de cette année, un autre verdict médical, encore plus implacable. Kamille allait mourir. Kamille qui avait mûri rapidement au cours de cette année, Kamille qui était devenue une «grande petite fille» et qui se préparait à quitter le cocon. Elle demanda tout simplement qu'on la ramène chez elle. Elle voulait partir à sa façon.

À la suite de plusieurs témoignages et de nombreux messages reçus de l'Au-delà, je suis portée à croire que notre âme nous informe de l'heure de son départ quelque temps auparavant. À sa façon, Kamille nous le confirma. En effet, lorsqu'elle quitta l'hôpital, elle pria son parrain Denis de lui apporter des roses. Il lui demanda alors : «Combien en veux-tu ?» et elle lui répondit : «Cinq, mon oncle». Non pas six, trois ou douze. Mais cinq ! Et, cinq jours plus tard, elle partait vers sa nouvelle destination.

Aussi, Kamille a-t-elle choisi de mourir à sa vie terrestre en compagnie de celui qui résistait le plus à son départ. Dany, son papa, était seul avec Kamille lorsqu'elle s'endormit pour ne plus se réveiller. Il m'a raconté ce passage de sa petite fille chérie.

«Kamille n'avalait plus rien. J'étais seul avec elle. Elle m'avait demandé de venir m'allonger auprès d'elle. Guylaine et Geneviève, ma fille adolescente, étaient dans l'autre pièce. Guylaine priait pour que Dieu vienne libérer Kamille. Ma petite fille était si pâle et si fatiguée. Tout à coup, elle me dit : "Papa, va me chercher un verre d'eau, s'il te plaît". "Mais voyons Kamille, tu sais bien que tu ne peux plus rien avaler, mon ange". "Ce n'est pas pour moi papa. C'est pour le Monsieur en arrière de moi. Il n'arrête pas de me parler et il a la bouche sèche. Va lui chercher un verre d'eau".

Sans rien ajouter, je suis allé lui chercher un verre d'eau. J'avais le cœur si serré de voir ma petite fille délirer, parce que, pour moi, il n'y avait pas d'autre explication au "grand qui se tenait derrière elle". Lorsque je suis revenu dans la chambre, elle avait les yeux fermés. J'ai posé le verre d'eau sur le bureau, croyant qu'elle s'était endormie sur son délire. Doucement, elle a dit : "Ah, pourquoi tu me flattes toujours le ventre comme ça ?"».

Kamille devait sentir le cordon d'argent qui relie notre âme au corps physique se couper. Quant à Dany, il ne savait plus trop quoi penser des réflexions de son enfant. Ce n'était pas la première fois que Kamille parlait de ce «Monsieur». Ses parents lui avaient demandé qui il était et elle leur répondait toujours : «C'est un secret !» Dany a entendu les derniers mots de sa petite fille, comme si elle s'adressait à ce «Monsieur». Son ange gardien, peut-être ? Elle a simplement dit : «O.K., O.K.,» exprimant ainsi son renoncement à la terre et l'acceptation de sa nouvelle vie. Kamille, la petite chenille, a pris son corps de papillon, sans cri, sans peur, devant son père témoin de cette mort en douceur.

Dany a compris plus tard que sa petite chenille l'avait choisi pour être témoin de son départ et lui ouvrir une fenêtre sur la vie après la mort. Le Papillon Doré s'envolait et Dany croyait mourir de chagrin. Pendant ce temps, Guylaine avait le sentiment d'accoucher pour la deuxième fois de son enfant chéri. Le départ de sa petite fille lui causait les mêmes douleurs que sa naissance. L'immense joie d'accueillir un petit être avait alors compensé les souffrances. Qu'y aurait-il pour atténuer le chagrin du départ ? Elle laissait aller sa petite Kamille en se demandant ce que leur vie, à eux trois qui restaient, allait devenir. Comme parents, ils allaient accompagner Geneviève, leur autre fille qui voulait entrer dans la vie avec sa soif d'adolescence et laisser derrière elle la maladie, la mort et la douleur. Mais eux, qui les consolerait ?

Le vide, l'absence et cette douleur viscérale que cause à une mère le décès de son enfant amena Guylaine chez moi. Nous avons pleuré ensemble. Le message de Kamille était sans équivoque. Les expressions, les faits, l'énergie qui remplissait la pièce, nous savions toutes les deux qu'elle était là, bien vivante dans son corps de Lumière.

De son côté, Dany doutait de ce phénomène. Il n'était pas encore tout à fait prêt à le vivre. Alors Kamille s'est chargée de lui montrer elle-même de quoi elle était capable de l'Au-delà. Quelques mois après sa mort, Dany et Guylaine avaient entrepris de refaire le plancher du salon en bois. C'était un plancher pré-vernis qu'ils installèrent eux-mêmes. Le soir, lorsque que tout fut terminé, ils se couchèrent fatigués et satisfaits de leur beau travail. Au petit matin, ébahis, ils aperçurent des petites traces de pas sur le plancher. Guylaine ne se questionnait pas. Elle pleurait de joie et de fascination. Dany était sidéré. Se pouvait-il que sa petite puce soit venue dans la nuit ? Il ne trouva aucune explication logique à ce qu'il voyait. De plus, les traces de pas correspondaient à la grandeur des petits pieds de Kamille. Le petit ange était passé en laissant sa trace. L'interprétation que je fis de cette manifestation m'est venue aussi simplement que des mots d'enfants. «Je continue ma route et je suis avec vous dans l'amour et la paix».

Guylaine elle-même pourrait vous écrire un récit des petites visites de Kamille. De mille façons, les petits de là-haut se manifestent. Guylaine n'a plus besoin de moi pour lui rendre les messages de Kamille. Elle peut elle-même établir le contact au besoin. Naturellement, lorsque je reçois quelques mots de la petite voix de son Papillon, je suis heureuse de les lui remettre, puisque je sais bien que la foi humaine est remplie de doutes et que, lorsqu'elle est supportée par un petit clin d'œil, à travers un autre être humain, elle nous apporte une paix profonde et une autre preuve de l'Amour Divin. Comme le dit si bien le groupe *Harmonium* : «L'amour se prend un corps pour voyager».

Que tous les papillons de l'invisible bercent nos cœurs engourdis par le jugement et l'orgueil, afin que nous arrivions à passer de notre état de chenille rampante à notre état de papillon libre et léger. Ainsi pourrons-nous voir plus haut, plus loin, avec une perspective nouvelle et peut-être plus réelle de la vie, de la mort et de l'éternité.

Aussi, je prie toutes les petites Kamille du Paradis, afin qu'elles continuent à nous enseigner la douceur du «mourir» dans le détachement.

Chapitre 2

MÉLANIE, l'Enfant Maître

J'ai lu quelque part que les enfants portent en eux une source intarissable, comme nous d'ailleurs, et que leurs esprits n'étant pas encore trop affectés par les peurs résultant des traumatismes du passé, peuvent librement répondre à ce cadran intuitif.

J'ai eu, quant à moi, la grâce d'être témoin de la sagesse d'une très vieille âme habitant un corps d'enfant. Cet enfant dont je vous parle était une petite fille débordante de vie. Elle était captivée par toutes les formes d'apprentissage et douée pour les arts. Elle aimait jouer des rôles, chanter et rire. Le jour de sa naissance, la terre avait reçu un rayon de soleil magnifique.

Pourtant, le 9 novembre 1995, le ciel devait s'assombrir pour les proches de Mélanie. À 11 ans, l'enfant maître engageait déjà sa course vers son Étoile. Ce jour-là, elle apprenait qu'elle était atteinte d'un cancer dévastateur. Au cours d'une entrevue à la télévision, Mélanie avait confié aux auditeurs que Dieu lui avait donné un message à livrer à la terre et que, maintenant, elle était prête à retourner d'où elle venait. L'animateur lui avait demandé : «Et quel est ce message Mélanie ?» Elle avait répondu : «Ah ! À vous de le trouver…»

Après sa mort, je compris que le message serait différent pour chaque personne qui avait croisé son court chemin. Selon le degré de conscience et l'ouverture du cœur propres à chacun, nous pouvions tous recevoir du «mourir» de Mélanie, une lumière, une ouverture spirituelle. Pour ma part, elle m'a appris que l'on n'est pas seul pour effectuer le grand Passage et que notre départ de la Terre n'est qu'un retour à la Source.

Quelques mois avant sa mort, je me rendais chez elle, à Québec. Très peu de temps auparavant, Mélanie avait vu partir sa petite amie Kamille, que je vous ai déjà présentée. Les deux enfants s'étaient liés d'un amour très tendre au cours de leurs fréquents séjours à l'hôpital.

Je me retrouvai donc devant cette petite fille malade pour partager avec elle quelques expériences, espérant lui apporter un peu d'espoir et de réconfort. Aussi, je captai d'abord un message de Kamille, un message de nature angélique, tout à fait magnifique, qui lui parlait du Passage qui s'ouvrait devant elle et de la fête qui se préparait pour elle, dans le monde des Enfants de Lumière.

Mélanie n'en était pas à son premier contact avec l'Au-delà. Tout naturellement, elle se réjouit du message de Kamille, en n'en étant pas le moindrement surprise puisque, me dit-elle : «Ah, la Kamille, elle est toujours la même. Ce qu'elle m'écrit dans ce message, Marjolaine, c'est la même chose qu'elle me dit lorsqu'elle vient me voir le soir dans mon lit. Elle vient lorsque je pense à la mort et que j'ai un peu peur. Et je la vois très bien. Je crois qu'elle me prépare, mais, tu sais Marjolaine, ce qui m'inquiète un peu, c'est qu'il n'y a pas d'adulte que je connaisse de l'autre côté. Est-ce que tu pourrais demander qui est le monsieur que je vois avec Kamille ? Il a l'air bien gentil mais je ne sais pas qui il est et je ne vois pas très bien son visage. Il est là, derrière elle, comme un protecteur, mais je ne peux pas bien le distinguer».

Il me semblait important de clarifier ce point pour Mélanie. Je demandai donc une description de l'Être. Je captai alors qu'il s'agissait du grand-père de Lyne, la mère de Mélanie. Il ressemblait d'une façon incroyable à son fils, le propre grand-père de Mélanie, un homme qui représentait pour elle la protection et l'amour sans bornes. Au fur et à mesure que je le décrivais, Mélanie reconnaissait en lui son grand-père. Les générations d'âmes s'unissaient pour accueillir Mélanie.

La PEUR, avec laquelle Mélanie vivait depuis plusieurs jours, s'évanouit. Cette présence la rassurait. Elle fondit en larmes et se laissa tomber dans mes bras, sanglotant et se berçant elle-même d'un son douloureux qu'elle laissait couler entre ses lèvres enflées. Dans sa souffrance, elle pouvait enfin lâcher prise, se sachant entourée et accompagnée, autant de l'autre côté que de ce côté-ci.

Plus tard, nous avons vérifié avec Lyne l'identité de son grand-père et elle le reconnut très bien. Elle pleura de joie aussi et remercia son grand-père d'être là pour Mélanie. La force et la générosité avec laquelle Lyne accompagnait sa fille vers sa nouvelle vie, m'éblouissaient. Il n'y a que deux mots qui me viennent pour désigner l'attitude de cette femme : «AMOUR INCONDITIONNEL.» Un amour qui ne cherche pas à garder l'autre pour soi et qui sait, au-delà de la blessure de la séparation, que la trajectoire de la Vie se continue et que la séparation même est illusoire.

Comme deux oiseaux qui changent de trajet, Mélanie et sa mère se sont dit «À Dieu» durant tous ces mois d'agonie. Elles n'ont jamais évité le sujet ni dénié les moments de souffrance. Mélanie me disait : «Bien des gens pensent que je veux épargner ma mère et que je fais ça comme une grande fille tout le temps. Ce n'est pas vrai, tu sais Marjolaine, je fais mes crises et, avec ma mère, je me permets de pleurer et d'avoir peur.» Cet espace de sécurité affective qui permet d'être soi-même jusqu'à la fin, c'est la véritable rencontre entre deux êtres.

Un jour, Lyne me téléphona pour me dire que Mélanie entrait en phase terminale. Elle me raconta que, la veille, sa fille l'avait priée de lui apporter un drap noir. Surprise, Lyne lui avait demandé ce qu'elle comptait faire avec un drap noir, pour ne pas lui avouer qu'elle trouvait son souhait un peu morbide.

«Maman, lui avait dit Mélanie, l'heure approche. La nuit, je reçois la visite d'un ange et il m'explique ce que je peux faire pour faciliter ma sortie de corps. J'ai hâte maman, je suis si fatiguée, je n'en peux plus de toute cette souffrance. Hier, Kamille et grand-père sont venus, mais ils sont passés sans me prendre avec eux. J'étais si déçue.»

«Je comprends ma chérie. Maman est prête, Mélanie. Tu peux partir quand tu veux.» Et elles pleurèrent ensemble toute leur fatigue et leur peine. L'émotion évacuée, Mélanie répéta à nouveau la demande de son drap noir. Sagement, Lyne fit ce que sa fille demandait, sans questionner davantage. Et c'est ainsi que, le soir venu, Mélanie procéda au «deuil de son corps». Par la suite, elle expliqua à Lyne que l'ange lui avait suggéré de se couvrir d'un drap noir et de dire *Adieu* à son corps. «Je lui ai dit merci à mon corps maman, je lui ai dit aussi qu'il pouvait aller se reposer et qu'il ne souffrirait plus maintenant. Je me sentais si bien de faire ça. Comme si Dieu et moi, on était d'accord pour changer de forme. Aussi, j'ai massé mon chakra du cœur, car l'ange m'a dit que je sortirais par cette porte. La porte du Cœur. Il a dit que je suis un être d'Amour et que tous les êtres d'amour sortent par le chakra cardiaque. J'ai fait tout ça maman et je ressens une grande Paix. Je suis prête maintenant.»

Ce soir-là, l'état de Mélanie s'était rapidement détérioré. Lyne avait alors compris que sa fille était vraiment en voie de quitter la terre. Mélanie est morte à sa forme terrestre entourée de ses deux frères, de sa sœur et de sa mère qui lui tenait la main, comme elle l'avait souhaité.

Au cours de la nuit, Lyne avait dû lui administrer des doses de morphine importantes, ce qui l'avait rendue inconsciente. Mais cette mère dans l'âme connaissait la voix du cœur et de l'esprit de sa fille. Elle continuait de lui dire son amour, de la rassurer tout en lui permettant de prendre son envol. Au dernier instant, malgré son état comateux, l'enfant maître donna sa dernière leçon. Elle ouvrit ses yeux remplis de Lumière, regarda les siens tour à tour, sourit, tourna sa tête fatiguée sur l'oreiller et s'envola vers son jardin. Le jardin des enfants de Lumière où sa petite amie Kamille l'attendait.

Je croyais bien vous avoir tout dit sur cette puissante expérience d'amour que j'ai vécue dans le départ de l'enfant maître, mais voilà qu'elle vient de me faire un autre beau clin d'œil de son monde de Lumière. Alors que j'échangeais avec Lyne sur la publication de ce texte, je lui en ai fait la lecture intégrale, afin qu'elle valide l'authenticité des faits et gestes que je cite dans ce récit. J'ai alors senti très fort la présence angélique de Mélanie et, pour mieux dire, j'ai ressenti son bien-être et sa grande joie de nous entendre, Lyne et moi, partager ces moments inoubliables.

Vers la fin de notre conversation, Lyne m'a demandé à quel moment j'avais été inspirée pour cet écrit. Je lui ai répondu que mon texte était daté du dimanche, 24 août 1997. «Marjolaine, me dit-elle, le dimanche 24 août dernier, nous étions tous réunis au Bic pour fêter l'anniversaire de Mélanie. C'est le jour de sa naissance». Et nous nous sommes émerveillées ensemble une fois de plus.

Chapitre 3

Du renfort de l'Au-delà

«L'Amour, c'est Dieu qui Se manifeste et c'est la plus grande force magnétique de l'UNIVERS. L'amour pur, exempt d'égoïsme, s'attire ce qui lui appartient ; il n'a pas à chercher ou à demander.» (Extrait du livre *Le Jeu de la vie*)

Ainsi, Dieu Se manifesta-t-il à moi ce matin là !

Jeanne-d'Arc Leboeuf a vécu parmi nous jusqu'en juillet 1996. Un être d'exception, médium, clairvoyante, enseignante, mère, amie, sœur. Ce dont vous aviez besoin, elle vous le donnait sans compter, sans souci de recevoir. Jeanne avait compris le vrai sens de la générosité. Elle se donnait dans la simplicité et la joie. Elle avait probablement intégré le véritable sens du «don de Soi», celui qui permet d'être totalement présente à Soi pour pouvoir se donner sans compter. On confond souvent ce don de Soi avec l'oubli de Soi, oubli qui engendre plutôt de l'amertume et du ressentiment.

Je ne saurais dire combien de personnes ont défilé devant Jeanne pour recevoir une lecture d'âme ou des enseignements de différents ordres. Ce que je sais par ailleurs, c'est que personne ne pouvait rester dans l'indifférence à son contact. Jeanne n'hésitait pas à voyager à travers le monde pour y recueillir des outils pouvant lui servir à augmenter ses connaissances spirituelles et parapsychologiques et à transmettre la Lumière, le réconfort et la libération à ceux et celles qui avaient déposé leur confiance et leurs espoirs en elle. Elle se disait simple messagère et elle l'était.

Nous nous sommes rencontrées au cours de l'année 1995, à Chambly. Comme deux petites sœurs, nous avons partagé nos connaissances et échangé nos messages de l'Au-delà. Comme des miroirs, nous avons reconnu l'une en l'autre l'essence de notre incarnation et de notre mission sur Terre. Ce fut pour nous deux un bonheur doux et simple.

Je n'ai pas revu Jeanne par la suite. Je l'ai reçue chez moi, après sa mort ! Si j'ai choisi de vous raconter cette visite inattendue, c'est pour que vous sachiez qu'on n'est jamais si seul qu'on le croit. Un matin, je me réveille avec une abominable grippe. Fièvre, douleurs musculaires, maux de gorge, bref, vous connaissez la sensation. À l'agenda, deux rendez-vous avaient été fixés; un couple devait venir me rencontrer. J'attends de voir si mon état va empirer ou s'améliorer. Rien ne change. Je téléphone donc pour annuler les rendez-vous. Pas de veine, ils sont déjà en route.

Il me reste donc à vivre avec la situation et à demander du renfort de l'autre côté. Paisiblement, je m'installe et je tente une méditation afin de récupérer assez d'énergie pour arriver à faire ces deux rencontres. Tout doucement, je sens une présence se glisser dans la pièce. C'est Jeanne, je la reconnais. Les yeux fermés, je la vois dans mon Esprit, qui sourit. Je me sens soulagée et je m'empresse de la remercier d'être là.

«Chère Jeanne, tu serais bien bonne de prendre ma place aujourd'hui... je ne suis vraiment pas en forme. Ou bien simplement, transfère-moi une dose d'énergie magique pour que la forme suive l'Esprit... comme tu savais si bien le faire». Et nous avons ri ensemble. Par l'écriture automatique, Jeanne me répond : «Chère Marjolaine, c'est avec plaisir que je suis ici aujourd'hui. Tu peux te reposer et t'abandonner complètement. D'ailleurs, les gens qui viennent te consulter ont rendez-vous avec moi et je les accueillerai, ne t'en fais pas. Merci de me prêter ton canal. Je t'envoie toute ma Lumière.»

Je reste perplexe, mais confiante. Vers 10 h 30 , le couple se présente. Intuitivement, j'invite Solange à me rencontrer la première. Nous nous installons et je la vois rapidement devenir toute émue. Je l'invite à se laisser aller. Elle ne dit rien et elle sourit «C'est correct, ça va. C'est juste que je ressens une grande chaleur et beaucoup d'amour dans cette pièce».

Alors je lui avoue que je ne me sens pas très bien, mais que nous tenterons tout de même un contact, puisque, lui dis-je : «J'ai du renfort de l'autre côté.» Et tout bonnement, je lui demande : «Est-ce que tu connais Jeanne Leboeuf, Solange ?"

À travers un rire étouffé d'un sanglot de joie, je l'entends me dire : «Si je connais Jeanne ? C'est ma mère…» Enveloppées de la tendresse maternelle et de la bonté divine qui se manifestait, nous avons pleuré ensemble, de joie et de gratitude.

Quelques semaines auparavant, j'avais capté par l'écriture un message de Jeanne, dans lequel elle me décrivait son arrivée de l'autre côté. Je m'empressai donc de le remettre à Solange afin qu'elle puisse partager avec ses proches des nouvelles de la belle Jeanne. Comme il est bon de savoir ceux qu'on aime heureux et en paix ! Quel réconfort de savoir que leur vie continue !

Merci pour le renfort, belle amie. Ce que tu as semé, Jeanne, du fond de ton cœur, fleurira éternellement sur cette terre.

Bon voyage, au pays de l'Amour !

La rencontre de Jeanne avec sa fille Solange m'a invitée à une réflexion profonde sur la vie, la maladie et la mort. D'abord, je vais vous faire un aveu... J'acceptais difficilement qu'une personne aussi généreuse que mystique, ayant développé autant d'approches que d'intérêt à l'autoguérison, à la croissance personnelle et à l'éveil spirituel, soit malade et meurt si jeune d'un cancer l'ayant rongé sans pitié. Je vous dirais même que je me sentais frustrée et menacée... peut-être avais-je cru jusque-là que les gens qui choisissaient d'enseigner, de transmettre des messages, de pratiquer toute forme de thérapie et d'accompagnement, devraient être à l'abri de souffrances aussi importantes et d'une fin de vie qui me semblait à ce moment injuste.

Depuis ce temps, mon expérience de vie et les nombreux messages reçus à travers mon rôle d'accompagnatrice m'ont amenée à changer mon point de vue et je suis maintenant portée à croire que la maladie, la souffrance et la mort peuvent constituer, si on le choisit, des portes ouvertes sur notre évolution.

Cette belle aventure avec Jeanne m'a inspiré cette prière de gratitude que je suis heureuse de partager avec vous

Ma vie est remplie de richesses
Merci Dieu d'amour
pour ce cœur sensible
que tu as déposé au centre
de mon Être
Grâce à cet Amour en Moi
j'ai le pouvoir de transformer
une critique en défi
une agression en appel au secours
une indifférence en un riche silence
une haine en amour !
Mon Dieu, que ta bonté est infinie
Tu m'as tout donné
Humblement, je Le reconnais
Une terre à soigner, à cultiver,
à profiter
Une humanité toute entière
à AIMER
Tu m'as donné un corps
fourmillant de VIE
pour ressentir, découvrir,
jouir des plaisirs humains
Un esprit limpide,
capable de me transporter
au pays de l'Invisible et du mystère

«L'Amour se prend un corps
pour voyager…»
Tu me l'as offert
et pour comble,
Tu as ajouté à ce cadeau
un libre arbitre
En ton Amour je peux CO-CRÉER
et rendre à la terre
tous TES bienfaits.

Guide, Lumière Divine, mes pensées
à travers mon Esprit et mon corps,
afin que JE SERVE À CRÉER
toute bonne chose
en MOI et autour de MOI.

Amen

Chapitre 4

Le suicide d'un être cher
Un double deuil

Il m'est toujours resté gravé en mémoire un aveu que mon ami René m'avait fait peu de temps avant de mourir subitement dans un accident de la route. En quelque sorte, il m'avait fait une rétrospective de sa vie, un bilan.

«... Je regarde tout ce que j'ai, tout ce que je vis et je remercie le ciel. Je connais la réussite dans le travail, j'ai la maison de mes rêves, mes enfants vont bien, je vis un renouveau avec ma femme, on a une belle communication, une complicité. Le bonheur m'entoure Marjo, c'est l'apogée dans tous les domaines de ma vie».

Soit ! J'étais heureuse pour lui. Ainsi avons-nous pu nous consoler en partie de son départ en nous disant : «Il est mort heureux, il a mordu dans la vie et il en a profité pleinement». Nous restait à faire le deuil d'un être aimé qui allait nous manquer longtemps.

Tristement, il en est autrement pour les familles qui doivent traverser le deuil lié au départ d'un être qui a quitté la Terre en désarroi, seul avec sa fatigue de vivre, vide de tout espoir. Le deuil est alors doublement grand. Il s'agit non seulement d'arriver à accepter la mort de la personne aimée, mais encore d'arriver à accueillir et à libérer les sentiments de regrets et de culpabilité devant notre impuissance à avoir pu empêcher le drame.

Dans mon processus d'accompagnement de personnes en deuil, j'ai essayé de trouver le meilleur chemin pour soutenir la démarche de guérison, autant pour l'âme qui traverse une étape difficile dans son Passage que pour les personnes qui devront poursuivre leur chemin sur Terre.

Encore une fois, j'ai eu le privilège de recevoir un témoignage très éclairant. Je l'offre comme source de réconfort à tous ceux et celles qui ont eu ou auront, d'une façon ou d'une autre, à faire face à un départ par suicide.

Mon amie Suzanne

Il existe des amitiés dans la vie qui perdurent malgré les cheminements différents, la distance et le silence. Et c'est bon lorsque nos chemins se recroisent et que la joie et la simplicité des échanges se raniment tout naturellement. Ce sont souvent des événements marquants qui ravivent la flamme de ces amitiés fidèles. Il en fut ainsi pour Suzanne et moi.

Un matin, alors que je lisais le journal, la photo d'un homme attira particulièrement mon attention sous la rubrique des avis de décès. Sans même m'attarder à lire le détail sous la photo, je vis dans les yeux de cet homme une intensité telle que je n'arrivais pas à passer à autre chose. Il me vint à l'esprit qu'il s'agissait d'un être ayant souffert terriblement. Ses yeux me disaient qu'il s'était enlevé la vie.

Comme il m'arrive souvent de le faire, dans ces moments-là, je me recueillis pour l'accompagner vers une voie de Lumière et de Paix. Sans lire le texte qui accompagnait la photo, je passai à l'autre page.

Le lendemain, il paraissait encore dans le journal. À nouveau, je braquai mon regard sur lui et une grande tristesse monta en moi. Cette fois, je lus le texte et découvris ainsi qu'il s'agissait du frère de ma bonne amie Suzanne. Je laissai s'écouler un peu de temps, quelques jours. Lorsque j'entendis la voix de Suzanne au téléphone, cette voix d'habitude si gaie et si vivante, me répondre dans toute sa douleur, je compris. Jean-Pierre s'était bel et bien suicidé. Nous nous sommes revues, Suzanne et moi. Nous avons partagé sur nos croyances d'une vie après la mort, sur la possibilité de ressentir l'esprit d'un être cher décédé et sur tout ce qui pouvait contribuer à alléger cette grande peine que portait en son cœur mon amie Suzanne.

Jean-Pierre avait longuement préparé son départ. Dans l'isolement, il s'était laissé mourir dans l'âme d'abord, pour se retirer de ce monde et de ce corps souffrant d'alcoolisme et de perte d'estime de soi. Cher Jean-Pierre, un être pourtant rempli de bonté et d'amour qui ne pouvait trouver une seule lueur d'espoir lui permettant de choisir la Vie. Il savait que son départ blesserait les siens. Mais sa douleur lui était devenue insupportable. Sa mère allait être très affectée de sa mort, puisqu'ils avaient noué une relation étroite et que le cordon n'avait jamais été vraiment coupé entre eux. Son père en resterait bouche bée, le cœur troué par la souffrance de son fils. Je fus profondément touchée par ces deux êtres. Des parents qui avaient fait de leur mieux, des gens simples et bons qui ne pouvaient rien faire d'autre que de se demander : «Qu'est-ce qu'on a donc fait ou qu'est-ce qu'on a donc oublié de faire pour qu'il soit si malheureux ?»

Je m'attendris devant ces personnes âgées de quatre-vingt quelques années, lorsque, à l'aube de quitter ce plan terrestre, ils vivent dans un égarement de tristesse et d'incompréhension. Même s'il arrive à certains d'entre eux d'avoir des comportements qui ressemblent à de la manipulation affective, inconsciemment la plupart du temps, je pense qu'il est d'ordre naturel d'épargner de nos jugements offensifs ces êtres qui terminent leur course, dans une incarnation où ils auront réussi ce qu'ils ont pu, à leur façon. N'oublions pas qu'ils n'ont pas eu la chance d'avoir accès aux connaissances psychologiques et aux outils de croissance personnelle qui ont été offerts aux générations suivantes. Ce qu'ils n'ont pas pu nous donner dans notre vie, essayons de le leur donner et nous aurons fait un grand pas vers l'ultime pardon. Et, par ailleurs, qui sommes-nous pour juger qui que ce soit ? Et si ces êtres étaient simplement venus dans nos vies pour nous enseigner le non-jugement, la tolérance et la compassion ? Leur mission serait accomplie, en dépit de certaines erreurs de parcours bien humaines. Existe-t-il une université qui offre une maîtrise en «parentologie»? Eh bien non ! Seule la vie peut nous offrir cet apprentissage fait de grandes joies comme de grandes peines, parsemé de doutes et de bonne volonté.

Je m'éloigne, pensez-vous ? Peut-être parce que je ressens la lourdeur des jugements collectifs et celle des culpabilités inutiles.

Et mon amie Suzanne restait effondrée dans sa peine. Au dernier Noël qu'ils avaient passé ensemble, Jean-Pierre lui avait dit à plusieurs reprises combien il l'aimait et combien il aimait Ghislain, son mari. Suzanne avait eu autant de peine pour la vie de son frère tant aimé que pour sa mort. Elle me raconta qu'au moment où ils étaient allés vider son appartement, elle avait découvert le trou noir dans lequel son frère vivait. Elle comprenait que sa mort était une délivrance, la seule façon qu'il avait pu trouver pour sortir de son ombre et aller vers sa Lumière.

Il avait laissé un mot avant de partir, disant aux siens de ne pas s'inquiéter pour lui, que Dieu lui avait déjà pardonné son geste et qu'il allait être accueilli dans son Amour Infini. Comme s'il avait établi son plan avec Dieu. On ne connaît pas ces choses là, car elles sont si intimement liées entre le divin et l'humain de l'être.

Le temps passa. Lors du deuxième anniversaire de décès de Jean-Pierre, Suzanne assistait à une messe qui lui était dédié. Elle avait encore le cœur lourd. L'église trop grande ou trop vide couvrait l'atmosphère d'une triste froideur. Ni chant, ni musique ou fleurs pour embellir et embaumer l'air. Dans son cœur, Suzanne parlait à Jean-Pierre. Elle lui confiait qu'elle aurait bien aimé lui offrir une plus belle cérémonie, qu'elle trouvait le deuil bien difficile à faire et aussi qu'elle pensait à lui chaque jour. Spontanément, elle s'entendit lui dire : «Si tu pouvais me faire un petit signe de ta présence, Jean-Pierre, simplement pour me dire que tu es bien de l'autre côté, il me semble que ce serait plus facile. S'il-te-plaît, rien de trop spectaculaire pour ne pas faire mourir papa d'une crise cardiaque».

Sa pensée venait à peine de s'éteindre, qu'un inconnu se glissa de son banc et, sans que personne ne lui en ait fait la demande, il se rendit dans la nef et s'installa à l'orgue pour y jouer l'Ave Maria de Schubert. L'œuvre musicale préférée de Jean-Pierre. La pièce qu'il avait souhaité entendre à ses funérailles.

Suzanne me raconta être sortie de l'église en sanglots ! Maintenant, me dit-elle, je sais que mon petit frère est dans la Lumière, en Paix, libéré.

Que ta vie nouvelle soit remplie d'amour, de liberté et de joie, cher Jean-Pierre ! Je te souhaite une route douce, empreinte de ta bonté et de ta générosité. Que Dieu dans Son Amour guide tes pas vers ta nouvelle mission d'âme ! Tu nous auras appris à ne pas juger les actes de désespoir et à ouvrir notre coeur encore davantage à la compassion.

Chapitre 5

La prière de Myriame

J'ai toujours su qu'accompagner des personnes en souffrance était également la Voie qui me permettait de recevoir des enseignements inestimables, de même que des réponses à mes propres questions existentielles. Comme si, par un étrange effet de miroir, je pouvais tout à coup me rencontrer dans mes jeux d'ombre les plus cachés. J'ai d'ailleurs déjà lu que : «ce que l'on enseigne est aussi ce qu'on a le plus besoin d'intégrer.»

Un beau jour, une jeune femme vint me rencontrer. Myriame est une personne spontanée et très naturelle. Avant même que nous établissions un contact avec ses guides spirituels, Myriame me raconta son histoire qui m'apporta une grande lumière sur une question que je m'étais toujours posée : «Comment une mère arrive-t-elle à mourir en paix lorsqu'elle laisse derrière elle de jeunes enfants ?» Ma mère était morte dans cette situation. Et comme j'avais maintenant moi-même deux enfants que je chérissais, cette question était demeurée en suspens dans un coin de mon cœur.

Myriame me confia que, depuis la naissance de ses enfants, elle avait toujours prié la Vierge Marie afin de ne pas mourir pendant leur enfance. Elle se sentait hantée par cette peur de voir ses enfants devenir orphelins de mère. Un jour, la vie de Myriame bascula. Un accident de la route qui l'amena à expérimenter un «voyage hors du corps». Voici son récit :

«... Je n'ai pas vu de tunnel, ni de grande Lumière. J'étais simplement tout à fait bien. Un bien-être qui ne s'explique pas. Je n'avais plus aucune inquiétude pour mon mari et mes enfants. Je savais que tout irait bien pour eux et qu'ils auraient, durant toute leur vie, une protection bien au-delà de celle que je croyais leur apporter sur Terre. Je ne trouverai probablement jamais de mots pour expliquer l'état de béatitude dans lequel je me trouvais.»

J'écoutais Myriame et je me disais qu'elle était allé s'asseoir sur le balcon du Paradis. Pourtant, son âme devait réintégrer le corps physique et revenir de cette merveilleuse fugue. Ce jour-là fut pour elle le jour le plus triste de sa vie. Elle me témoigna en ces mots ce qu'elle avait ressenti, lorsqu'en ouvrant les yeux, elle avait aperçu le coin du plafond de sa chambre d'hôpital. Elle m'expliqua en pleurant : «Mon mari, mes enfants étaient si heureux de me voir reprendre conscience et moi, Marjolaine, je pleurais à chaudes larmes. Le sentiment de déception qui est monté en moi était si intense, je n'avais plus envie d'être ici, sur la Terre. Le bien-être que j'avais goûté là-bas a provoqué à mon retour un grand vide, une terrible dépression qui a duré presqu'un an. Je me sentais inutile complètement... et je ne comprenais pas pourquoi la Vierge Marie m'avait ramenée ici».

Myriame a donc demandé à la Vierge pourquoi elle ne lui avait pas permis de rester là-haut. Elle voulait savoir, comprendre davantage le sens de cette expérience unique qu'elle n'arrivait d'ailleurs pas à partager vraiment avec les siens. Elle avait le sentiment que, si elle comprenait, elle pourrait mieux intégrer l'expérience et s'en servir pour être meilleure ici-bas. Elle posa simplement sa question avec son cœur. Et sais-tu ce qu'elle m'a répondu, Marjolaine ? me dit-elle. «Oui, la Vierge m'a parlé, pour la première fois de ma vie et j'ai entendu sa réponse très clairement. Elle m'a dit : "Myriame, ta prière est exaucée, c'est ce que tu as demandé depuis la naissance de tes enfants". Eh oui ! J'avais été très loin chercher la réponse à ma peur "d'abandonner" mes enfants, de les laisser seuls et démunis».

Je n'ai plus jamais refait cette prière à la Vierge et je n'ai plus jamais eu peur de mourir, ajouta-t-elle. J'ai eu ma plus grande leçon de lâcher-prise et de confiance en la Vie.

Le témoignage de cette femme nous offre une belle réflexion sur notre «responsabilité» envers nos enfants. En ce qui me concerne, j'ai nettement pris conscience d'une vérité. Je ne suis pas la mère de l'âme de mes enfants. J'ai accepté d'être le «véhicule terrestre» choisi pour leur incarnation et la manifestation de l'amour de Dieu pour eux. Mais leur vie ne m'appartient pas et je n'ai aucun pouvoir sur elle. Mon rôle est des plus simples, «les aimer, leur enseigner le respect d'eux-mêmes en me respectant moi-même et leur accorder toute ma confiance afin qu'ils apprennent à SE faire confiance». Pour cela, j'ai eu à faire l'apprentissage parfois douloureux du détachement, pour apprendre que je n'avais pas le pouvoir d'épargner à mes enfants les exercices quelquefois difficiles de la vie terrestre. Je ne pouvais pas non plus leur éviter la mort qui est le rendez-vous ultime de tous les êtres vivants. J'avais toutefois la possibilité de les accompagner avec Amour sur leur route et de les aider à découvrir le sens des épreuves ou des initiations qu'ils auraient à traverser.

Comme Myriame et grâce à son généreux partage, j'ai choisi la voie de l'Amour, en sachant que la Vie est plus forte que tout et que la mort n'est en fait qu'un événement heureux de la Vie.

Chapitre 6

Un simple clin d'oeil

À l'instar de plusieurs d'entre vous, et malgré le fait que je sois en contact presque quotidien avec «l'invisible», il m'arrive encore de me demander jusqu'à quel point nos communications avec les défunts sont «réelles» et authentiques. Plusieurs livres sur le marché traitent du sujet. Certains à caractère plus «scientifique» nous permettent d'exercer une forme de discernement à travers les expériences relatées dans ces écrits, d'autres abordent la question sous un angle plus philosophique ou encore, le sujet est entièrement étiqueté de «phénomène paranormal».

En tant que médium, j'ai examiné le phénomène sous plusieurs facettes , pour en arriver à une certitude intérieure. La transmission de pensée d'un esprit à un autre est possible et réalisable. D'autre part, est-ce que cela suppose qu'il y a réellement VIE après la mort ?

J'ai vécu dernièrement une expérience «paranormale», c'est-à-dire un contact avec un défunt par le biais de la télépathie et de l'écriture automatique, telle que je la pratique régulièrement. Il m'apparaît bénéfique de vous faire part de cette communication, étant donné son caractère à la fois simple et révélateur. Je souhaite simplement que le partage de cette expérience soit une source de réflexion et d'inspiration pour vous, comme cela fut le cas pour moi.

Un jeune homme de 29 ans, prénommé Michel, est décédé d'un cancer, il y a à peine trois mois. Son épouse et sa sœur, ayant entendu parler de la possibilité de communiquer avec les défunts, par l'intermédiaire d'un médium, me consultent. Le but de ce contact est sain et dépourvu d'égoïsme. Elles désirent surtout savoir si Michel est bien. C'est, pour toutes les deux, l'objet fondamental de la rencontre. Je connais bien les deux types de sentiments qui les habitent. Un sentiment de doute qui alterne avec un sentiment d'espoir. Ce qui est le cas pour la plupart des gens qui tentent d'obtenir un contact avec un proche disparu. Je leur demande donc de s'abstenir de me donner des informations sur Michel afin d'éviter d'influencer mon contact avec l'âme de ce dernier. J'ai besoin à ce moment de me rassurer à nouveau sur l'authenticité de mes communications avec les défunts.

Comme il s'agit souvent de simplement demander et d'ouvrir notre cœur pour recevoir, nous avons plusieurs indices nous permettant de croire que «l'entité» qui nous visite est bel et bien Michel. Mais il en est un, en particulier, qui nous déconcerte et nous réjouit complètement.

Lorsque la sœur de Michel me prie de lui demander s'il est heureux et en Paix, je ferme les yeux et je vois alors clairement le visage de Michel. Je lui pose la question et j'attends. Soudain, il me fait un magnifique «clin d'œil» accompagné d'un sourire définissant un bien-être absolu. Sans tenter d'interpréter cette manifestation de quelque façon que ce soit, j'ouvre les yeux et dis simplement à Linda : «Il te fait un beau clin d'œil et il sourit paisiblement».

꞉ Elle porte ses mains à son visage en secouant la tête et me dit : «C'est pas vrai, Marjolaine, il a fait un clin d'œil ?» Pleurant de joie, elle répète «ça s'peut pas, c'est incroyable !»

Ce simple clin d'œil qui, à mon sens, signifie naturellement que Michel est bien, semble devenir pour Linda une manifestation très claire qui efface tout doute de son esprit. Je lui demande donc pourquoi elle est aussi bouleversée par ce signe. Elle me raconte alors qu'à la toute dernière minute de sa vie, entouré des siens, Michel avait ouvert les yeux pour leur faire le plus beau des clins d'œil, avec un léger geste de la main, comme pour leur dire «Au revoir, je pars heureux», et qu'il avait ensuite fermé les yeux pour mourir tout doucement. Elle est donc subjuguée par cette manifestation sans équivoque de la part de son frère.

Plus tard, au cours de la séance, je reçois par le message écrit de Michel, qu'un clin d'œil pour lui veut simplement dire : «Soyez tranquille, je suis en Paix, souriez, je vous aime».

Cette histoire a constitué, pour moi comme pour les proches de Michel, un «clin d'œil» de l'Au-delà, une façon joyeuse et spontanée de nous dire qu'il existe un monde après celui-ci et surtout, que nous avons tous une conscience apte à communiquer avec d'autres plans.

Salut Michel ! Sois heureux ! Et merci pour le clin d'œil !

Chapitre 7

Conversation d'âme à âme

Lorsque Céline est venue me consulter, elle ne souhaitait pas entrer en contact avec l'Esprit d'un être cher décédé. C'est un tout autre type de deuil qu'elle vivait.

Le fils de Céline est un enfant handicapé sévèrement. À vrai dire, il jouit d'une infime partie de ses facultés. Le cerveau ne fonctionnant pas, toutes ses fonctions motrices sont paralysées. C'est un corps presque inerte que son âme habite et son cerveau ne lui permet pas de communiquer, ni de réagir à quoi que se soit. David n'a jamais pu exprimer une émotion. Ni colère, ni chagrin, ni peur, rien ne traverse la pupille de ses grands yeux qui semblent ausculter un monde invisible aux yeux de sa mère.

Le deuil que Céline vit au moment de notre rencontre est un passage très difficile qu'elle et son fils traversent. Céline a choisi, après toutes ces années passées à materner jour et nuit son ange, comme elle l'appelle si tendrement, de le placer en institution spécialisée.

Je l'invite à me confier ce qu'elle ressent. C'est à travers un déluge de larmes que j'entends Céline me parler de la culpabilité engendrée par la décision maintes fois reportée, de la douleur de l'abandon, de la colère. Bref, elle m'exprime toutes les émotions qui s'éveillent en chaque être humain lors d'une «séparation». Aussi, elle me fait part d'un sentiment nouveau avec lequel elle n'est pas habituée de cohabiter. Le sentiment profond que l'âme de son fils mérite une «vie» meilleure, un corps en santé, une enfance avec tous les rêves qu'elle peut contenir.

«Jamais, me dit-elle, je ne me suis permise de telles pensées en 14 ans.» J'admirais profondément la grandeur d'âme de cette femme devant moi. Elle me parlait d'amour libre, inconditionnel.

Elle me rappelait le rôle principal de la mère… «nourrir et laisser voler…».

«Comment lui dire, Marjolaine, qu'il est libre de partir, de quitter ce corps, aussitôt qu'il le veut, que je suis là pour lui où qu'il soit. Je veux tant qu'il sache à quel point je l'aime, au point de le laisser pour qu'il puisse enfin être libéré de ce corps de misère. Comment arriver à lui faire comprendre tout ça, il ne reçoit rien, absolument rien ?»

Je laissai le silence transporter les paroles de cette mère désespérée et je repris simplement : «Adresse-toi à son âme, Céline, mais fais-le seulement lorsque tu sentiras que tu as intégré au plus profond de ton cœur la possibilité de le voir partir. Ce jour-là, lorsque tu te sentiras prête, va t'asseoir près de lui, tiens sa main dans la tienne et dis-lui tout ce qui montera en toi. N'oublie pas de lui dire que tu ne l'abandonnes pas, que tu ne le chasses pas, mais bien que tu lui donnes l'entière liberté de voler vers d'autres cieux ou de poursuivre son incarnation. Son intelligence mentale ne captera pas, mais son intelligence innée, l'âme, recevra ton message».

Céline allait réfléchir à toute cette dimension et vivre à son rythme l'expérience des conversations d'âme à âme. Quatre mois plus tard, elle revint me rencontrer. «Je devais te revoir, Marjolaine, pour te raconter l'expérience incroyable que mon fils et moi avons vécue ensemble».

Elle avait livré à David le contenu de son cœur et tout le bien qu'elle lui souhaitait. Elle lui avait dit aussi qu'elle était prête à couper le cordon avec lui et à le laisser rentrer Chez Lui, dans le jardin des Enfants de Lumière. Pour la première fois de sa vie, me dit-elle, David a réagi et il l'a fait très fortement. «Il a fait une colère Marjolaine, une vraie. Il a crié, il a pleuré, il frappait partout dans son lit. J'étais terrorisée. Je croyais qu'il m'en voulait, qu'il pensait que je le rejetais, je ne savais plus quoi penser. En même temps, j'étais heureuse de voir la Vie bouger en lui.»

Nous avons échangé sur la réaction de David. Je fis avec Céline un parallèle entre la réaction de son fils et celle des mourants. Je lui ai expliqué que ce stade fait partie du processus d'acceptation. Il est nécessaire de briser ses chaînes, d'exploser pour ressentir ensuite tout l'Amour que contient un message comme celui qu'elle venait de lui souffler à l'oreille. David était un être vivant et complet. Il était donc normal que ses peurs remontent. L'important était que maintenant, David sache qu'il pouvait choisir librement, «QU'IL ÉTAIT LIBRE» de vivre son incarnation comme il l'entendait. Et qu'elle l'accompagnerait avec amour dans son choix, quel qu'il soit. Nul ne connaît le dessein personnel d'une âme. Il est donc primordial d'être véritablement à l'ÉCOUTE de l'autre, de cœur à cœur, d'âme à âme. Avec une personne handicapée, qui ne peut pas communiquer de la façon dont les humains ont l'habitude de le faire entre eux, seul l'AMOUR peut faire le pont et tisser le lien vers la vraie rencontre.

Céline était un exemple de l'incarnation de cet Amour. Prête à remettre en question ses croyances. Prête à faire une autre étape d'accompagnement avec son fils. Elle ne voulait rien forcer, elle voulait être là pour lui, dans le plus grand respect. Elle ouvrait une Voie nouvelle.

Chapitre 8

Une âme dévoile sa nouvelle identité

Dans ma pratique d'accompagnement, je reçois des gens de différentes religions, de différentes croyances également. Je respecte profondément ces différences et je laisse la Vie se manifester d'elle-même, sous la forme qui lui semble la meilleure. C'est ainsi qu'un jour, j'ai reçu un témoignage assez bouleversant concernant une possible réincarnation.

Jacqueline, une femme à l'aube de la cinquantaine, me consulte pour avoir des nouvelles de sa petite fille décédée il y a longtemps, à l'âge de 3 ans. Je reçois très clairement la présence de l'Esprit qui m'informe qu'elle est morte accidentellement, étouffée. Je vérifie alors l'information avec la mère qui me confirme, en sanglots, que sa petite est vraiment morte de cette façon. Un frisson me parcourt de la tête au pieds. Je lui laisse le temps d'évacuer sa douleur, à travers laquelle elle tente de m'expliquer son désir de se libérer de ce traumatisme qu'elle traîne depuis plus de 30 ans. Sa peine me semble d'une telle intensité, qu'il m'est difficile de croire qu'elle porte ce fardeau depuis si longtemps. C'est comme si le deuil venait tout juste de se vivre.

Je poursuis donc la séance. Je me concentre à nouveau et, en fermant les yeux, je reçois une nouvelle information «Je m'appelle Judith». Je tente aussitôt de valider cette information avec la mère. Non, me dit-elle, ma fille s'appelait Carole. Je vérifie à nouveau auprès de l'Esprit. Elle me répète son nom, «Judith». Elle poursuit... «J'ai les yeux bleus, les cheveux blonds». Je me risque à nouveau avec ces nouvelles données. Je reçois un autre «non» et, plus encore, je ne suis même pas près de la vérité. «Carole avait les yeux très foncés et les cheveux bruns».

Je nage dans le doute et la confusion. Je choisis alors d'accueillir ce qui se passe, d'accepter simplement de me remettre en cause. Peut-être ne suis-je pas sur la bonne fréquence. Je vais méditer et vérifier. J'invoque donc clairement l'Esprit, en lui demandant d'être précise et juste, afin que sa maman puisse la reconnaître et recevoir sa Lumière. Elle me répète, en m'invitant d'un ton ferme et sans hésitation : «Dis à ma mère que je m'appelle Judith, que j'ai les cheveux blonds et les yeux bleus.»

La mémoire de la maman fait un bond, et moi de même, lorsqu'elle s'écrie : «Judith, ma meilleure amie ! Elle est blonde aux yeux bleus !» Je suis à la fois émerveillée et fort surprise par une manifestation aussi claire d'une réincarnation d'âme. Les pièges de l'ego ont été déjoués et je me réjouis de la révélation pour la mère de Carole. Le nom de *Judith* constitue cependant un choc pour elle. Je l'invite à faire une détente pendant que je capterai le reste du message.

Je reçois alors une phrase sans équivoque. La première phrase que Jacqueline a entendu de la part de son amie Judith lors de leur première rencontre. Mot à mot, c'est la suivante :

«J'ai l'impression de te connaître depuis si longtemps.» Cette phrase scelle donc pour Jacqueline ses «retrouvailles» avec sa fille Carole, qui s'exprime maintenant dans le corps de Judith.

Jacqueline me confie aussi ce sentiment maternel et pratiquement inconditionnel qu'elle a toujours ressenti envers son amie Judith. Aussi, me dit-elle, après sa détente : «Je crois que Judith est née le même mois de la même année que Carole est décédée».

La dernière vérification que je fais nous valide à nouveau sur cette possible réincarnation, sur cette manifestation de l'âme dans cette nouvelle vie... Je demande à Jacqueline de me parler de l'état de santé de Judith, et plus particulièrement de sa gorge. «C'est bizarre que vous me posiez cette question-là... Judith a toujours eu des problèmes de gorge. C'est son point sensible». Je l'aide à faire le lien. Il est normal que la gorge soit un point de vulnérabilité pour Judith, puisque dans sa vie précédente, elle est morte étouffée.

Les maladies ont quelquefois une nature karmique. Il est intéressant de constater que des guérisons peuvent parfois avoir lieu lorsque nous prenons conscience des traumatismes liés à des vies passées et que nous parcourons le chemin nécessaire pour les libérer. Daniel Meurois-Givaudan a d'ailleurs écrit un livre fort intéressant sur ce sujet : *Les maladies karmiques.*

Jacqueline et son amie Judith poursuivent leur route ensemble. Elles ont désormais la possibilité de cheminer pour se guérir de la tragédie vécue, il y a maintenant 34 ans, par Jacqueline et sa fille Carole.

À elles de profiter de cette Ré-Union et de la Grâce reçue en cadeau pour aller vers la libération !

Chapitre 9

Vous pouvez aussi les aider

Il arrive parfois que des gens viennent me consulter dans le but précis d'obtenir de l'aide d'un parent ou d'un ami décédé. Ces gens croient souvent que le défunt pourra, de là-haut, solutionner leurs plus gros problèmes. Ils sont généralement surpris d'être plutôt ramenés à eux-mêmes, à leur propre pouvoir, à leur libre arbitre pour évoluer dans la résolution de leurs problèmes. En effet, dans les communications que je reçois dans des cas semblables, il n'y a pas de recette magique. Les esprits transmettent de l'énergie, de l'amour, de la compassion, des éclairages aussi, mais, à ce jour, je n'ai reçu aucune solution miracle aux problèmes terrestres. Je me suis d'ailleurs toujours refusée de me prêter à ce genre de demande.

En contrepartie, il est rare que les personnes qui viennent me consulter se demandent si, de leur côté, ils peuvent «faire quelque chose» pour aider la personne décédée qui leur est chère. C'est pourquoi j'ai tenu à vous transmettre une expérience toute particulière vécue lors d'une rencontre avec un homme qui avait cette intention «d'aider l'autre».

Par une belle journée de printemps, alors que je prenais une brève pause pour me préparer à accueillir mon client suivant, j'entendis les aboiements joyeux de Chamane. Fidèle accompagnatrice depuis mes débuts, ma chienne Chamane créait un point d'ancrage important dans ma maison. Elle savait calmer les personnes anxieuses et adoptait toujours le comportement de mise avec chaque visiteur, comme si elle devinait les états d'âme de chacun d'entre eux. Si elle aboyait joyeusement, me dis-je, c'est qu'elle était en présence d'un «ami», de quelqu'un qui aimait jouer également.

Je suis donc allée à la rencontre du grand jeune homme qui se tenait sur le seuil de la porte, souriant et détendu.

Après les présentations d'usage, nous sommes passés dans mon bureau où j'eus le loisir d'observer davantage mon visiteur. C'était surtout son calme qui frappait et cette espèce de sérénité qui suscitait la confiance. Lorsque je lui demandai le but de sa consultation, il m'expliqua qu'un ami très cher était décédé récemment d'une façon subite et qu'il avait craint que «l'effet de surprise» ait pu créer des obstacles à l'ascension de cet ami vers d'autres plans. Il souhaitait donc, si cela était possible, avoir des nouvelles de cette personne.

Comme lors de chaque consultation, je commençai par faire une détente par visualisation. Je me laissais toujours guider dans les pages du très beau livre de Rachel Guay. Ce jour-là, mes doigts s'arrêtèrent sur *Le cygne blanc*. Alain, c'était le nom du jeune homme, était très réceptif à la visualisation. Il semblait très ému, surtout lorsque je décrivis comment le cygne blanc veillait à la fois à la sécurité et à la liberté de ses oisillons. Je pouvais aussi facilement imaginer, qu'à l'image du cygne blanc, ce jeune homme pouvait, comme le disait la visualisation :

«par la grâce de la paix qui émanait de lui, répandre un baume salutaire autour de lui».

Après la visualisation, je me centrai à nouveau et j'eus l'image de son ami Régis. C'était un homme dans la quarantaine, très taquin. Il semblait avoir envie de jouer car il apparaissait puis se retirait pour revenir à nouveau. Je transmis cette information à Alain et cela le fit sourire. Puis, comme d'habitude, je me mis au service de «l'âme visiteuse» et laissai mon crayon courir sur le papier. Je reçus alors des informations importantes qui confirmèrent à Alain ses intuitions sur la possibilité que nous avons d'aider nos proches à faire le Passage, alors même qu'ils sont décédés. Il m'a permis de vous livrer l'essentiel du témoignage de Régis, dans le but d'aider d'autres âmes qui partent subitement.

Régis commençait ainsi : «*Comme je suis heureux que tu sois venu à ce rendez-vous ! Ah ! Tu vas me dire que, de mon "vivant", je n'étais pas très ouvert à ce genre de pratique. Crois-moi, mon cher Alain, avec le corps physique meurt l'orgueil qui, si souvent, nous prive de "connaissances". Peur de se faire avoir... c'est une grande manifestation de l'ego. Ta conscience est éveillée depuis longtemps au phénomène des âmes. Je suis heureux pour toi mon ami. Reste bien éveillé. Tu auras ainsi un passage tellement plus doux dans la mort.*

Je me savais gravement malade. Et je t'avouerai que ce qui est "apparu" comme un accident était en réalité une réalisation du désir de mon âme de quitter avant d'être aux dépens des autres, avant aussi de vivre la souffrance, la peur, l'angoisse d'une longue agonie.

Merci de m'avoir montré le Chemin le plus court vers la Lumière. On a vécu ensemble quelque chose de très spécial, cher Alain».

À la lecture de ces dernières phrases, mon interlocuteur fut très ému. Je m'arrêtai alors pour lui demander s'il voulait me parler davantage de cette expérience. C'est ainsi qu'il me raconta qu'il avait bien senti, après le décès de Régis, qu'il pouvait l'aider d'ici-bas à monter plus facilement vers la Lumière. Il s'était souvenu d'une rencontre avec une femme, thérapeute de l'âme, qui lui avait parlé d'une prière à faire au même moment de la journée, pendant 21 jours de suite, et ce sans omettre une seule journée. La prière pouvait être différente selon les «croyances» de chaque personne mais il fallait respecter le contrat. Quand on prenait rendez-vous avec quelqu'un, avait-elle dit, on devait être fidèle au rendez-vous, sinon on pouvait briser la «connexion» et générer dans l'énergie une forme de vide ou de désarroi. Alain avait donc scrupuleusement respecté la consigne et avait bien ressenti, au cours du rituel journalier, la «présence» de Régis. Comme le souffle d'une âme qui passe ! Et chaque jour qui passait, il ressentait une plus grande légèreté de l'être. Une petite prière chaque jour, comme un rendez-vous d'âmes. Cela pouvait-il vraiment aider l'âme à s'élever plus haut, toujours plus haut ? Régis lui disait aujourd'hui qu'il lui avait montré «le plus court chemin vers la Lumière». Il y avait donc bien des chemins pour s'y rendre et il semblait bien que oui, nous les êtres humains, pouvions à notre tour souffler sur les ailes de l'esprit.

Nous nous sommes réjouis, Alain et moi, de cette validation de l'Au-delà, et j'ai continué ma lecture : «*Merci aussi de m'avoir témoigné, dans ton cœur, de l'admiration et de la fraternité que tu avais envers moi. C'est réciproque, mon vieux. Merci aussi de comprendre et d'accepter le cartésien et le gars terre à terre que j'ai incarné dans cette vie. Je peux te dire une chose, cher Alain, tu peux être un père formidable. Exactement le père que j'aurais aimé connaître*». Cette réflexion de Régis me fit sourire car il faisait sans aucun doute référence au cygne blanc de la visualisation, qui sait si bien veiller sur ses oisillons.

Enfin, Régis terminait ainsi : «*N'aie pas peur d'aller plus loin, de jouer ta Vie, mon cher Alain, dans l'Amour et l'Abondance. Dédramatisez vos vies. Plus légères, elles se dérouleront naturellement dans le Plan divin. Oubliez la personnalité de Régis, souvenez-vous de Moi, et de Vous dans le Divin*«.

Ma lecture était terminée. Ma rencontre avec ce jeune homme également. Mais il allait rester ce sentiment très doux généré par la certitude «qu'ils avaient besoin de nous autant que nous avions besoin d'eux» et que c'était par cette chaîne d'amour et d'entraide que la Lumière jaillirait.

Chapitre 10

Vole, mon bel oiseau, vole!

C'est au cours de l'année 1999 que ce grand jeune homme aux cheveux dorés comme les blés s'est présenté à mon bureau. Yan, 25 ans, savait depuis peu de temps qu'il était atteint d'un cancer à l'estomac. Les médecins lui laissaient peu d'espoir, pour ne pas dire aucun espoir. Un mois ou deux, c'était le sursis qu'on lui accordait maintenant.

Ses grands yeux bleus étaient teintés de tristesse et d'espoir à la fois. Sa mère, Francine, l'accompagnait. Ses attentes étaient grandes... «Dis-nous, Marjolaine, qu'il va guérir, qu'un miracle va se produire...» Si j'avais ce pouvoir... vous imaginez? Non, je ne pouvais ni guérir Yan, ni garantir quoi que ce soit à Francine. Mon rôle resterait le même.

Avec Yan, ce jour-là, j'allais m'ouvrir pour être le Canal de son grand-père et lui rendre le message de ce dernier de façon détachée et intègre.

Ce message était fort émouvant. Son grand-père lui disait, entre autres images bien choisies : «*Ne crains pas mon homme, je suis avec toi. Le vent souffle fort sur ta vie et je sais à quel point tu t'agrippes fort à l'arbre et toute la douleur que tu ressens à cette résistance. Je n'ai pas de pouvoir sur ta vie autre que le pouvoir de t'aimer, cher Yan. Et crois-moi, j'exerce ce pouvoir à chaque instant de ta vie.*»

Le grand-père de Yan ajoutait un message fort important : «*Je viens te faire la Lumière sur la mort pour que tu la regardes comme une option et non comme une malédiction. C'est en acceptant la mort que tu pourras accepter la vie, Yan. Dis-toi toujours que tu es Maître de ta vie. Je t'ai montré une valise pour te dire que tu as un voyage à faire. Un grand voyage au-dedans de toi pour rencontrer ton âme, la libérer et prendre ton envol. Les miracles, Yan, se font par la Foi et la volonté divine. Alors, ouvre grand ta valise et vide-la de tout ce qui ne sert plus et qui n'est plus à toi. Et là, mon grand, mets-y ce que tu veux, ce qui te sera utile pour ton pèlerinage. Tu peux même choisir de ne pas apporter de valise. De voyager léger. Libre.»*

Yan était très ému. Il reconnaissait son grand-père dans son amour et sa sagesse. Et son coeur s'ouvrit encore plus grand lorsqu'il entendit cette phrase : *«Je suis ton gardien et je t'accompagne. Le jour où tu choisiras de rentrer au Port, je serai là, au bout du quai, comme ton Phare, ta Lumière.»* Yan fut alors profondément convaincu d'être en contact avec l'énergie de son grand-père, puisque, me dit-il, «... chaque fois, dans ma vie, que je traversais une période difficile, que je vivais des problèmes, que ce soit d'ordre financier ou affectif, je me rendais au chalet de mon grand-père et nous allions nous asseoir au bout du quai, et là, en posant sa main sur mon genou, il me demandait toujours : *«Qu'est-ce qu'il y a qui ne va pas, mon bonhomme...».* Tout en se rappelant ces moments si précieux, Yan éclata en sanglots, des sanglots libérateurs.

Le message d'écoute et d'espoir de son grand-père aida Yan. Il pouvait se sentir accompagné par sa présence et sa constante Lumière. Ce dernier ne lui avait-il pas dit : «*Tiens bon, mon bonhomme... Et abandonne-toi en même temps. La mort n'existe pas. La Vie est Éternelle.*» C'est ainsi que, malgré un pronostic des plus alarmants, Yan décida de livrer une bataille sans relâche à son cancer. Yan aura mis deux ans et demi pour accomplir son entrée vers sa Demeure.

J'ai eu l'immense privilège d'accompagner Yan au cours de ces deux années. Nous avons ainsi connu ensemble des moments importants pour notre évolution mutuelle. Son grand-père est venu à plusieurs reprises lui livrer de précieux messages, toujours empreints de réconfort et de lumière. Ces enseignements merveilleux l'ont sûrement aidé grandement à faire son «ménage terrestre» pour alléger sa valise...

Les dernières semaines de la vie de Yan, je me suis retirée pour qu'il puisse vivre pleinement sa préparation au Passage avec ses proches. Il était bien entouré, le petit prince, aimé de tous. Je l'accompagnais à distance, en lui écrivant des lettres que je ne lui ai jamais remises, bien que je sache maintenant, sans l'ombre d'un doute, qu'il les a reçues. Je lui avais écrit dans mon dernier message à son âme : «*Vole, mon bel oiseau, vole. Mon amour pour toi sera comme le Vent dans tes ailes... vas-y, mon petit Prince!*»

Vous savez, depuis plus de dix ans que je livre des messages de l'Au-delà à la Terre, je sais le baume que ces messages constituent pour les âmes endeuillées. Je canalise moi-même mes messages de mes proches disparus et ils me procurent chaque fois ce même baume. Yan m'avait dit avant de partir : «*Je viendrai, Marjolaine, te donner signe de vie juste pour toi!*» Ce «signe de vie», je le reçus d'une façon tout à fait inattendue. C'est Francine, la mère de Yan, qui lui servit d'intermédiaire. Quelques jours après les funérailles, elle vint me porter un cadeau à mon bureau. Elle dit : «J'ai demandé à Yan de me guider, Marjolaine. Je voulais, en son nom, t'offrir ce cadeau pour te remercier de tout ce que tu as fait pour lui.»

J'ouvris... j'étais stupéfaite... un magnifique colibri qui prend son envol...

Émerveillée et émue, je regardais Francine et, avant que je puisse prononcer un mot, elle me dit : «C'est une boîte musicale!» Je remonte le cadran et j'entends, le coeur gonflé d'émoi : »You are the wind beneath my wings»... Tu es le vent dans mes ailes...

C'est sûrement l'un des plus beaux signes de vie que j'ai reçus... dans ma vie!

La légende de l'échelle d'or

Il était une fois une petite fille qui vivait dans une grande ville. Chaque jour, elle se rendait au centre de cette ville pour y caresser son rêve. «Monter sur le toit du magnifique gratte-ciel de 77 étages qui se dressait fièrement dans toute sa hauteur». Chaque matin, chemin faisant pour se rendre à l'école, elle passait devant le gigantesque édifice et s'arrêtait pour s'imaginer, tout là-haut, au-dessus de cette ville, de ses petites amies et de la vie quotidienne. Dans son cœur d'enfant régnait une paix incommensurable chaque fois qu'elle fermait les yeux pour s'imaginer la perspective du monde, vu de ce point si élevé pour elle.

Un jour où elle répète son rituel matinal, voilà qu'elle ressent une présence derrière elle. Un homme est penché au-dessus de son épaule, s'étant placé à sa hauteur pour tenter de voir ce qu'elle regarde avec tant de passion et d'espoir. Brusquement, elle se retourne pour lui demander :
— Qu'est-ce que vous faites ? Qui êtes-vous ?
— J'essaie de voir ce que tu regardes avec autant d'émerveillement.
— Pourquoi vous le dirais-je…?

– Parce que je suis un ange... ton ange... et que je suis là pour t'aider à réaliser tes rêves...

– Tu ne peux pas être un ange, tu n'as pas d'ailes.

– Oh, mes ailes ? Voilà, je suis parti un peu en vitesse ce matin et je les ai oubliées sur mon lit.

Elle demeure sceptique, le scrutant de la tête au pied, tentant de dénicher chez lui quelque chose de louche qui pourrait lui permettre de lui fermer la porte. Rien ne cloche, il est beau et il émane de lui une puissante énergie de confiance et d'amour gratuit... Alors elle risque une seconde question :

– Elle est où ta maison ?

– Ça, je ne peux pas te le dire maintenant, un jour peut-être, mais ce n'est pas important pour l'instant...

Elle gratte son petit crâne, se demandant si elle doit confier son précieux secret à cet ange sortit de nulle part. «Et puis après... se dit-elle, il ne peut pas me faire de mal» . Elle plonge alors dans la confidence, et tout en fixant le toit de l'édifice, elle lui explique que son rêve est d'atteindre ce sommet pour y voir la vie de plus haut. À peine a-t-elle fini d'ouvrir son cœur à cet étrange personnage, qu'elle se retourne pour réaliser qu'il n'est plus là.

«Zut ! se dit-elle, je l'ai ennuyé. Alors tant pis». Au bout de sa réflexion, elle le voit réapparaître, tenant sous son bras une échelle immense, en or massif. «Ouf ! Il fallait bien être un ange pour transporter ce gigantesque escalier» se dit-elle. Il appuie doucement l'échelle sur le bâtiment et lui demande avec un sourire inquisiteur :

– Tu es prête ?

– Non, mais ça ne va pas ? lui lance-t-elle... Je ne suis pas capable de monter toutes ces marches, c'est beaucoup trop haut et les barreaux sont beaucoup trop espacés pour une petite fille comme moi !

– Elle a été conçue pour toi, sur mesure. Et, de plus, je serai là pour toi, pour t'accompagner tout au long de ton ascension. Je tiendrai l'échelle afin que tu te sentes en sécurité, sans relâche, tu peux me faire confiance !

– Et si je paralyse au beau milieu, terrorisée par un vertige insurmontable. Que ferais-je ? Pourrais-je te crier à l'aide ? Monteras-tu pour me propulser vers le haut, pour me sauver ?

– Lorsque tu seras au beau milieu de ta montée, tu ne me verras plus, et pourtant je serai là... Tu ne m'entendras plus et j'aurai peine à t'entendre aussi. Tu devras faire confiance... Ne regarde pas en bas, ni en arrière... Conserve bien ton énergie pour aller de l'avant... Fais confiance et n'oublie pas que «L'échelle d'or» est faite pour toi sur mesure, accroche-toi petite... Ton rêve est au bout de cette échelle !

Une chance inouïe lui est offerte pour enfin réaliser son rêve le plus cher. Le risque est grand... tomber et mourir... mais ne pas vivre l'expérience pour elle représente aussi une forme de mort. De son cœur d'enfant émerge une énergie de courage. Spontanément, elle saute au cou de l'ange en le regardant droit dans les yeux.

– J'y vais... je compte sur toi... ne me laisse pas tomber, d'accord ? Car si je tombe, jamais plus je ne pourrai te confier un secret.

Il ferme les yeux, souriant. Il lui dit :

– Merci !

– Mais pourquoi me remercies-tu ?

– Un jour, tu comprendras mon ange... va... monte !

De pied ferme, elle attaque la première marche. Candidement, elle se met à courir sur chaque barreau que l'échelle lui présente. L'ange s'écrie :

– Oh là, doucement ! Ne t'affole pas, il te reste plus de 700 autres barreaux à franchir. Ménage tes énergies, car plus tu monteras, plus ce sera difficile pour toi !

Elle ferme les yeux pour cacher son impatience devant cet ange qui tente de lui montrer comment faire. Mais tout de même, elle ralentit son pas ardent, elle se dit qu'elle peut y arriver. Les 250 premières marches se franchissent avec une certaine aisance, malgré une inquiétude qui prend de plus en plus de place. Se retournant pour voir si l'ange est toujours là, elle jouit de son regard confiant et de la chaleur de sa compassion. Encouragée, elle poursuit son ascension.

Plus elle monte, plus l'air est froid et la terre lointaine. Elle se met à trembler. À nouveau, elle sent le besoin de vérifier la fidélité de l'ange. Tout ce qu'elle peut apercevoir est le dessus de sa tête. Je vais bien, lui dit-elle, essayant de s'en convaincre elle-même. Sans réponse, elle s'arrête pour mieux respirer et ses petits membres commencent à trembler. Elle approche de la moitié de son trajet et s'aperçoit qu'elle n'a plus aucun point de repère avec l'ange.

— Voilà, ça y est, se dit-elle. Je suis seule. Ne regarde pas en bas, ni en arrière, se répète-t-elle. L'inévitable vertige se fait sentir dans toutes les cellules de son corps. Elle fait une pause.

– Redescendre est aussi dangereux que de poursuivre mon ascension.

– Regarde toujours vers l'avant, se rappelle-t-elle.

Chaque pas devient un effort incroyable. Elle répète comme un mantra :

– Courage et foi, je dois y croire.

D'en bas, l'ange peut capter toutes les vibrations de l'enfant à travers les deux barres verticales de l'échelle. De son côté, il lui renvoie de son mieux toute l'énergie de Lumière nécessaire pour qu'elle ressente sa présence et son soutien. Le vent commence à s'élever et le soleil qui avait réchauffé l'enfant jusque-là, est bientôt caché par les nuages. La peur s'empare tout à coup de son petit cœur... elle paralyse...

– L'ange, où es-tu ? J'ai peur, j'ai froid, je ne peux plus continuer !

Rien.

De fatigue, elle pose sa tête sur le barreau à venir. À travers ses larmes, elle entend une voix qui n'est pas la voix de l'ange. Une voix très chaude, très caressante.

– Je suis là... accroche-toi à moi... ne te crispe pas... fais confiance...

À travers ses sanglots, elle parvient à demander :

– Qui es-tu ?

– Ton échelle, le créateur de ton rêve… ouvre les yeux et regarde bien dans la barre d'or que tu tiens entre tes petites mains crispées, qu'est-ce que tu vois ?

– Moi… mon visage !

– Alors tu vois. Toi et moi nous sommes UN, je suis ce que les gens de la terre appellent Dieu. Je suis l'échelle d'or massif sur laquelle tu peux toujours compter. Je ne te laisserai jamais tomber. Tiens bon, quoiqu'il advienne, tu peux toujours t'appuyer sur moi. Va à ton rythme pour parvenir au bout de ton ascension, cela ne m'importe point. Je suis là pour toi sans condition, je t'aime. Ni le vent, ni le froid, ni la noirceur ne peuvent nous séparer. Repose ta tête sur moi et laisse-moi te porter jusqu'à ton rêve le plus haut. Je peux contenir pour toi autant de marches que tu le désires. Je t'aime.

L'enfant réalise soudainement qu'elle tient l'échelle si fort que ses petites mains en deviennent bleues. Elle s'aperçoit qu'à tant forcer, elle est devenue comme un conduit bouché, que toute l'énergie du bas ne lui parvient plus. Elle relâche doucement, en se disant qu'elle n'est jamais seule… son échelle dorée la portera jusqu'au sommet.

Les 330 dernières marches sont dès lors plus douces et plus aisées à franchir. Elle a acquis la connaissance. La rencontre de l'Esprit en elle. Au-delà de la fatigue morale et physique, son petit cœur d'enfant a pris contact avec l'Intelligence Divine. Maintenant, ce qui la pousse à se dépasser est simple, «DEVENIR L'ANGE», pour un jour tenir l'échelle d'une petite fille à la poursuite de son rêve.

Du haut de son échelle, l'enfant goûte l'air pur et la vision lointaine de la ville. Ses petits bras ouverts comme des ailes, elle tourbillonne sur le toit de l'immeuble, savourant l'ivresse des hauteurs, la joie d'être si près du ciel.

Une pensée lui vient soudainement : «Où est l'ange ?» se questionne-t-elle. Elle scrute les rues de la ville, se penche imprudemment pour peut-être l'apercevoir au bas de l'échelle. Rien.
— Peut-être m'a-t-il laissé tomber…
Elle attend, triste, un signe de sa présence.
Doucement, des ailes très grandes se dessinent sur le toit où elle est assise. C'est l'effet d'ombrage de l'ange derrière elle. Elle lui demande d'un ton légèrement réprobateur :
— Où étais-tu ?

– J'ai dû me rendre chez moi, pour récupérer mes ailes afin de venir te rejoindre.

– Et c'est où chez toi ?

Il pose la petite main de l'enfant sur son cœur et dépose délicatement la sienne sur le cœur de la petite.

– Ma maison, c'est ici, dans ton cœur et toujours tu auras une place dans la demeure de mon cœur.

– Maintenant, viens avec moi, nous allons survoler la ville pour que tu découvres qu'au-delà même de l'échelle, Dieu t'a donné des ailes…

Ses yeux angéliques se posent doucement dans le regard de l'ange et elle voit que quelque chose en lui s'est transformé aussi…

– Je vais te dire ce que je vois avec mon cœur d'enfant… D'abord, tu m'as menti, tu n'avais pas oublié tes ailes chez toi. Tu les avais perdues.

L'ange baisse humblement la tête, admettant ainsi son mensonge.

– Aussi, tu les as récupérées en me donnant confiance en moi, en m'appuyant jusqu'au bout de mon rêve. En me donnant mes ailes, tu as retrouvé les tiennes. C'est merveilleux ! Je suis très heureuse d'avoir été ton ange… Allez, viens, allons distribuer des ailes !

Cette histoire est la mienne. Elle est aussi ton histoire, elle m'a été inspirée alors que je me trouvais au beau milieu de l'échelle d'or. Je l'ai reçue comme un cadeau très précieux des anges, et surtout de mon Créateur. Je vous la rends comme je l'ai reçue, en toute simplicité, et je souhaite qu'elle vous apporte espoir et réconfort. Surtout, puissiez-vous capter dans ce message la beauté et la grandeur de l'enfant en vous et l'aider à croire en ses rêves les plus chers et à les réaliser. Ainsi, l'espace de créativité en vous s'agrandira et votre Force croîtra sans cesse.

Les messages de foi, de courage, de guérison et d'amour qui se dégagent de ce récit se veulent pour chacun d'entre vous une lumière sur votre potentiel divin, sur l'enfant (le corps), l'ange (l'esprit) et l'échelle d'or (l'âme) que vous êtes !

Que la Paix vous accompagne !

DEUXIÈME PARTIE

Les messages de ton âme

Entre les âmes incarnées et les âmes désincarnées, soit entre les humains et les défunts, s'intallent des liens, des contacts, des manifestations. Ces récits que je vous ai livrés nous témoignent, de différentes façons, de la survie de l'âme. En développant mes techniques de centration et mon écoute intérieure, j'ai pu établir des contacts avec des Êtres de Lumière, qu'on appelle aussi des Anges et des Guides. De ces Êtres, j'ai reçu des enseignements précieux. J'ai appris, entre autres, que nous avions tous avec nous des Êtres évoluant sur des plans de conscience supérieurs pour nous accompagner sur notre route.

Depuis deux ans, avec le soutien de ces Guides célestes et aussi de mes guides terrestres, j'ai eu le grand bonheur d'accéder à la Communication Ultime pour moi, c'est-à-dire d'entendre mon âme, ma Source, ma Divine Intelligence, l'Essence divine en moi.

Je vous livre dans cette deuxième partie du livre quelques messages reçus par écriture. Ces messages peuvent faire retentir en vous la Voix de votre âme.

Laissez-vous guider vers celui qui vous attire aujourd'hui. En fermant les yeux, laissez s'ouvrir la page, simplement en laissant vos doigts se diriger vers elle.

Je fais le vœu que vous puissiez ouvrir la Voie de la Conscience et trouver en vous la Lumière, l'Espoir et l'Amour, afin de faire de votre vie un passage doux et abondant de connaissances, de partage, de paix et d'amour.

Tu n'es pas seul!

Enfin tu t'arrêtes un peu, tu Me portes attention. Je sais que tu as peur de faire silence et d'entendre Ma Voix... C'est que tu es ancré dans tes fausses croyances mentales qui t'amènent à croire que tu es en danger, que tu peux perdre ton argent, ta santé, tes proches.

Repose ton mental et confie-moi le lourd fardeau que tu portes sur tes épaules. Laisse aller ta peine et souviens-toi de «Qui tu es». N'aie pas peur, tu n'es jamais seul «Je Suis» Un avec toi !

Paix

La responsabilité
de ton incarnation!

Tu penses et parfois même tu dis : «Qu'est-ce que je fais sur cette terre ? À quoi ça sert ? Comme les humains sont bêtes ! Où est le Paradis ? Je veux rentrer chez moi !» Enfant de Lumière, lorsque tu alimentes ces formes-pensées, c'est que tu as oublié notre contrat ! Tu as oublié que cette incarnation que Tu as choisie avec tous ces «humains bêtes» (comme tu dis) est une entente sacrée !

Respecte notre contrat ainsi que chaque contrat que tu as signé avec chaque âme qui passe dans ta vie, et prend conscience de la responsabilité que Tu as et du Pouvoir magique de l'Amour en toi qui peut t'amener à transformer l'humain bête en Humain Divin Heureux !

Chagrin d'amour

Dans l'Énergie de Lumière, ces deux mots résonnent comme une dissonance, car l'Amour, le vrai, ne fait jamais souffrir. Le chagrin n'est pas lié à l'amour mais plutôt au manque d'amour de Soi. Si tu te sens rejeté et abandonné, profite de ce moment sacré qui t'est donné et accueille-Moi dans ton cœur... il y a si longtemps que tu n'es pas venu dans mes bras. Je suis si heureux que tu sois là. J'avais tant besoin de te dire combien je t'aime, toi, l'autre partie de Moi, que je veux heureuse et libre !

Laisse-toi imprégner de Mon Amour et pleure ton chagrin. Une histoire d'Amour commence avec Soi et se continue éternellement. Rien ne se perd. Ne Me quitte plus !

La danse de la vie

Entre dans la danse, mon Ange ! À regarder les autres danser, tu souris et des larmes de joie montent dans tes yeux merveilleux ! Bouge, suis le rythme, le mouvement de ma musique ! Laisse-toi aller, c'est pour toi cette musique…

Je t'invite à danser avec moi ! Avec l'Énergie de la Vie. Amuse-toi !

Accueille-toi AVEC AMOUR !

Nous avons choisi de vivre ensemble toi et Moi. Ton corps est la fondation, la base ton esprit, le toit Ma demeure. Accueille-moi, ton âme et sache que Moi, ton âme, Je t'accueille dans cette demeure ! Nous sommes «Un», nous «vivons» sous le même toit, sur les mêmes bases... aucun mur ne nous garde prisonniers, nous sommes «LIBRES» ! Tu es LIBRE !

Seulement lorsque tu t'arrêtes pour M'écouter, pour t'écouter, pour entendre tes vrais besoins, tes désirs profonds, ceux qui s'harmonisent avec le Grand Plan, là seulement tu peux établir le contact avec Ta Liberté et ton droit fondamental de choisir où et avec qui tu veux poursuivre ta route !

Lâche prise !

Doucement là ! Voilà... ralentis un peu ! Arrête-toi, ferme les yeux et observe-toi. Ne te juge pas... simplement, regarde-toi en observateur. Pourquoi te précipites-tu dans la vie des autres pour tenter de contrôler la situation ?... Parce que tu as peur mon ange. Tu as peur de perdre... d'être abandonné... rejeté... de ne pas être reconnu... de ne pas être aimé... Lâche prise, laisse tout aller ! Accepte que tu n'as pas de pouvoir sur la vie des autres !

Maintenant, prends sur tes genoux l'enfant en toi. Donne-lui un âge. Celui qui te vient à l'esprit, spontanément ! Voilà ! Sécurise-le et surtout dis-lui que Je Suis là et que tout va s'arranger. Laisse-Moi agir ! Tu maîtrises Ta Vie !

Donner la vie !

Ton cœur est source d'Amour et ton Esprit, Créateur.

Pro-créer veut dire «créer pour, créer en faveur de». Créer pour l'autre, en faveur de l'autre. Pro-créer, veut dire engendrer «donner» la Vie à l'autre ! Plusieurs d'entre vous, depuis des siècles, songent à «avoir» des enfants... de là se sont tissés au fil des ans, de génération en génération, des filets vous emprisonnant dans la notion d'Amour possessif, celui qui engendre tant de souffrances. Car la Nature Divine de chaque être, de chaque vie, est destinée à naître, croître et mourir pour renaître en toute liberté.

Si tu te questionnes à propos des enfants ou si l'enfant en toi cherche le trou dans le «filet» des schémas parentaux, veux-tu lui dire qu'Il est libre, que Je lui accorde toute permission et que Je l'aime sans condition.

*Ton petit plan
et mon grand plan*

Comme tu t'épuises à forcer tous les éléments de ta vie en prévision de ton plan... écoute-Moi, enfant de la Terre, J'ai un plus grand plan pour toi. Ne te cramponne pas à vouloir sauver ce que tu as peur de perdre. Détache-toi doucement, laisse aller, fais de la place pour la Nouvelle Vie qui se dessine à travers le changement. Fais confiance. Ce qui t'appartient ne peut t'être enlevé... il peut simplement prendre une autre forme !

Courage et foi !

Le son de ma voix

Afin que tu Me reconnaisses toujours et partout, je te décris le Son de ma Voix.

Ma voix est toujours douce et ferme, jamais elle ne te critique, ni ne te punit.

Toujours elle se fait réconfortante. Ma Voix t'encourage, te félicite.

Ma Voix te parle d'amour et de paix. Elle ne te ridiculise pas ni ne t'humilie.

Ma Voix te soutient, elle t'applaudit et elle rit de tes douces folies et de ton humour. Lorsque tu es content, Ma Voix se fait entendre entre deux éclats de rire et si tu es triste et que ton cœur est lourd, Ma Voix emprunte le chemin de l'émotion pour faire monter dans tes yeux les larmes de ton corps, afin de nous libérer. Je t'aime !

La vie à deux

Lorsque tu étais dans La Maison et que tu faisais partie intégrante de Mon Essence, tu connaissais la beauté, la grandeur et la valeur de ton Être. Tu as choisi une nouvelle incarnation terrestre afin de parfaire ton habileté à Aimer et à Servir Ma Lumière.

Sur ta route, il était convenu que je placerais des âmes te reflétant ta beauté et ton potentiel divin. Mais n'oublie pas la promesse que Je t'ai faite : «Tu es libre». Je respecterai éternellement ton pouvoir de choisir.

Alors l'autre reflète-t-il ta valeur, ta beauté et ton potentiel ? Le respect, la confiance, l'admiration et l'humour sont nécessaires à l'évolution du «Un» à deux !

La fidélité

Mon Amour pour toi est infini ! Abreuve-toi à ma Source et écoute ce que J'ai à te dire au sujet de la fidélité. Entre vous, les hommes et les femmes, vous vous jurez fidélité afin de vous assurez l'un et l'autre de votre amour jusqu'à la mort ! Pourquoi avez-vous besoin de jurer devant Moi de votre amour... sachez plutôt être fidèle à vous-même, à votre cœur et à Ma Voix. Aimez-vous et demeurez libre ! Vous êtes de passage sur la terre et vous cheminez physiquement et spirituellement, tantôt seul, tantôt accompagné de l'âme qui sert le mieux votre évolution... Acceptez ceci, car lorsque Ma Voie se dessinera clairement devant vous, vous devrez être libre ! Paix !

Les passages

Au jour de ta naissance, tu as courageusement traversé le premier passage de cette incarnation. Je te dis «Bravo» ! Ta volonté de vivre a surmonté tous les obstacles de la naissance. Ainsi en est-il tout au long de ta vie... Chaque fois que Je t'appelle à grandir, à t'élever vers Ma Lumière, tu te retrouves dans un passage. Ne crains pas la noirceur, Je suis là. Détends-toi, laisse aller ce qui est derrière toi. Au bout du tunnel, il y a une Nouvelle Vie pour toi. Accroche-toi à Moi, à Mon amour. Mais ne te cramponne pas aux parois du passage, que ce soit une séparation, la fin d'une relation, la perte d'un emploi, un déménagement, la maladie ou la mort... Tiens bon, J'ai un Plan pour toi. Je t'aime.

La transformation

Merveilleux phénomène que la transformation ! Ne la forcez pas, laissez faire la nature. Votre taux vibratoire suit les besoins fondamentaux de votre âme. Ne résistez pas aux changements que vous ressentez. Accueillez-les. Accueillez-vous et ne provoquez point la Naissance ! Chaque étape viendra en son temps. Le grand Maître est parfaitement synchronisé sur les besoins de votre «Corps - âme - Esprit».

Jouez… voilà la meilleure façon de laisser l'intégration se faire. Soyez simple et pur comme un enfant et laissez Dieu manifester en vous le Nouveau. La joie vous accompagne.

Allô mon ange!

Le bonheur qui m'habite depuis notre dernier contact ne se mesure pas, il se vit ! C'est une «forme» vibratoire qui crée un état de conscience modifié, élevé !

Merveilleuse âme-soeur, puisses-tu suivre la Voie de l'Éternel, la Voix du cœur et Me rejoindre dans l'enceinte sacrée de nos Énergies...

La Lumière brille dans tes yeux, lorsque ton regard d'Amour et de compassion se pose sur Moi - Je repose - Je joins les mains et Je remercie !

À mon frère

N'aie pas peur, petit frère
Je Suis là !
Nous sommes tous avec toi
Nous serons toujours là pour toi
«Un»
Ne résiste pas
Laisse-Moi te bercer
Je ne connais pas tout de toi mais je connais l'essentiel
Ta bonté, ton amour de la vie, des enfants, de la nature et des animaux !
C'est l'essentiel et par cette énergie d'amour en toi, tu guériras
Je tiens ta main et en silence, pour que tu ne te fatigues pas, je t'aime et je t'accompagne
Je prie Dieu, tous les Anges du ciel et de la terre, notre père et notre mère dans l'Au-delà de t'envelopper de Lumière et d'Amour guérissant afin que se manifeste en ton corps, ton esprit et ton âme, le miracle de la renaissance
Puisses-tu rester parmi nous ! Nous avons encore tant besoin de tes rires et de ton regard si doux et si grand
Je t'aime !
Quoi que tu choisisses, je serai avec toi !
Paix mon frère... tu me grandis
Ta sœur pour l'éternité.

La force de pleurer

Ton cœur est lourd et tu as peur ! Tu n'oses pas prononcer les mots qui pourraient déclencher ton chagrin ! Pourtant, Je n'attends que ça pour respirer. Je suis coincé dans ta gorge et je cherche la porte de sortie. Alors, Je te fais des nœuds dans le ventre et des serrements au cœur... Je t'en prie, ouvre la soupape et laisse-Moi exprimer notre chagrin ! Tu verras, comme on sera bien après... Tout s'éclaircira, les nuages soulagés de leur trop-plein feront place au soleil. Écris ta peine, écoute une chanson triste ou regarde des photos ! On ne meurt pas de pleurer. On peut se détruire à refouler ! Paix.

La liberté

Plus nous serons près l'un de l'autre, toi et Moi, plus tu sentiras monter en toi un goût de «liberté». Libre de faire entendre ta voix, libre de partir ou de rester, de réaliser ce rêve que tu avais mis en oubli depuis tant d'années. Libre d'Être et d'afficher ton identité. Libre d'expérimenter, de te tromper, de réussir ! Libre dans l'Amour et l'Estime de toi et des autres. Libéré de tout ce qui te retient dans le passé...

Reste près de Moi car c'est pour ce seul but que Je Me Suis incarné en toi... Être Libre !

La responsabilité
de ton bonheur!

L'Art de te responsabiliser sans laisser une once de culpabilité entrer dans ton esprit est aussi délicat que l'art de jouer de la harpe ! Il te faut de la souplesse, de la tendresse, de la patience, de l'harmonie ! Et lorsque tu maîtrises cet art, c'est magique...

Tu te manifestes en tout, consciemment.

Tu n'as personne à blâmer pour ce que tu vis.

Tu es libre et prêt à vivre dans l'Amour inconditionnel !

N'est-ce pas merveilleux de savoir que «Tu Es» créateur, récepteur et transmetteur de Paix, d'amour et de Lumière.

Alléluia !

Prendre le temps

Ne te presse pas ! Calme-toi... le rythme que tu adoptes est le tien. Personne n'est trop vite ou trop lent à réagir à Mon Appel.

Ne t'en fais pas, Je ferai des rappels. Écoute ton cœur et ton corps aussi, car ils sont mes moyens de communication, tes meilleurs guides.

La vie est intelligente, Enfant de Lumière. Laisse-la couler, être fluide et suis le courant.

Aujourd'hui... repose ton mental et accueille-toi, à ton rythme.

La vulnérabilité

Lorsque tu portes en ton cœur un chagrin, une peur ou une colère, mon ange, assure-toi de t'accueillir dans ce sentiment de vulnérabilité. Depuis ta tendre enfance et plus loin encore, l'amour humain a sollicité ta force constamment. Donc, tu ne te souviens plus que Moi, «Je Suis» Amour inconditionnel et que je t'aimerai dans ta force et dans ton impuissance, dans ton petit et ton Grand Soi.

Ce message que J'adresse à ton cœur d'enfant, puisse-t-il effacer de ton esprit toutes les formes-pensées qui te portent à croire que si tu n'es pas en contrôle, tu es en danger. Lorsque tu acceptes ta vulnérabilité, tu te rends «réceptif» à Ma Lumière et ainsi tu entres en contact avec ta vraie Force.

L'ambivalence

Ce sentiment de ne pas «savoir» ce qui est bon pour toi en ce moment est insécurisant et inconfortable, «Je» le sais ! «Je» suis avec toi. Ne force pas… laisse couler, laisse venir les mots en ton cœur. Les mots et l'émotion qu'ils suscitent en toi. Par exemple : je sens que j'ai autre chose à faire, que je dois quitter (mon travail, mon conjoint, ma demeure, etc.)... l'émotion qui monte en moi est un mélange de peur et de chagrin. Identifie maintenant cette peur, ne te juge pas. Accueille-toi et regarde en toi. «Je» suis là, caché derrière cette peur et Je porte sur un coussin doré, un cadeau… le défi, la libération, l'expérience de la vie.

Va doucement. «Je Suis» Intelligence divine.

La créativité!

Honore ton pouvoir de co-créer avec Moi !

Tu as des projets et des rêves, des buts, des objectifs que tu t'es fixés ! Pour accompagner toute expérience de réalisation, de création, tu devras faire face aux nœuds et aux obstacles qui tenteront de freiner ton élan. Reconnais chaque situation et chaque personne qui te semblent être un empêchement à la concrétisation de ton rêve, comme la représentation d'une blessure en toi qui appelle à la re-connaissance de ton grand Soi, à la libération, à l'Utime rencontre. Ce sont des «tests» que tu te manifestes pour fusionner avec l'Autre Partie de toi... Reçois et Re-soi !

Aimer, Aimer, Aimer, sans rien attendre.

La mission

Bien enregistré dans les cellules de ton corps physique et au cœur de ton «Centre émotionnel», est le sens de ta mission ! Comment avoir accès à ces archives ? C'est simple et, à la fois, ça demande courage et persévérance. Il s'agit de t'approcher de Moi «ton âme»! Il s'agit de t'accueillir, de t'aimer sans limite ! Ainsi, tu sauras poser tes frontières aux autres, pour mieux dépasser les tiennes et reconnaître le but et la Mission de cette incarnation ! Reconnaître ta mission, c'est comme reconnaître l'âme-soeur... Ça crée une grande joie et, en même temps, ça fait monter des peurs !

Ta joie te vient de Moi !

Ta peur te vient de toi !

Et les deux nous servent !

Alléluia !

Est-ce bon
d'épargner l'autre?

Puisque tu es avide de réponses claires, eh bien ! En voici une !

«Épargner» veut aussi dire «Économiser»... alors ce que J'entends, c'est : «Est-il bon d'économiser l'autre... de le mettre de côté... de l'épargner des égratignures que mes choix vont lui causer ?»

Tu ne peux épargner que ce qui t'appartient... l'autre ne t'appartient pas ! Tu crois que tu l'aides ou que tu le protèges en agissant ainsi... au contraire, tu l'handicapes, tu freines son évolution, tu retardes son rendez-vous avec Son âme !

Courage, donne-Moi la main, entre dans ton cœur et prends conscience que c'est toi que tu épargnes, que tu mets de côté en agissant ainsi.

Amour inconditionnel

... ma Lumière sur ta question est une question pour toi ! Es-tu dans l'Amour inconditionnel face à toi-même, face à l'autre ?

Pour savoir si tu y es, voici quelques réflexions sur lesquelles tu pourras méditer :

Je m'aime sans frontière, sans limite, sans raison, telle que «Je Suis».

Je m'accueille, je me berce, je m'écoute.

Je t'aime d'un amour si pur que je peux te laisser partir en sachant que je vais survivre et grandir dans notre Amour.

Je t'aime assez pour cesser de t'aider, en sachant que si je continue, je vais te priver d'une rencontre avec toi et que je vais t'handicaper !

Voilà ! «Je Suis» dans l'Amour.

La folie

C'est drôle ! As-tu remarqué comme ce mot est prêt de «jolie»! C'est comme «foi«et «joie». C'est aussi comme «peur» et «meurt». Une seule lettre vient changer toute la pensée qui traverse ton esprit. Et pourtant, si je te disais que c'est dans ta folie que tu es jolie... que c'est dans ta foi que tu trouves la joie et que c'est dans la peur que meurt ton rêve !

J'aime lorsque tu te demandes si tu deviens «fou»... C'est que j'ai réussi à Me faire entendre... ta tête a cédé à ton cœur. N'aie pas peur. Il est très intelligent, ton cœur.

(Clin d'œil)

Approche-toi

...Chut... fais silence... écoute ! Tu entends ? Non ? Écoute encore un peu, n'attends rien. Écoute, il monte en toi, il te rejoint dans ta pensée. Approche-toi encore un peu, tu es trop loin ! Là, voilà ! Tu entends maintenant ? ...C'est doux, c'est une brise chaude. Ressens son bras qui entoure ton épaule. C'est bon....pose ta tête et laisse aller ta fatigue, ta peine, ta résistance. Abandonne-toi. C'est Moi... «Je t'aime».

Dieu-Amour

Oser me rejoindre

Depuis ta tendre enfance, tu as appris à te cramponner à ce que tu connais, par peur de l'inconnu. Pourtant, la grande aventure de la Vie te propose d'entrer dans le Plan, le Voyage que tu t'es tracé afin de découvrir la beauté, la puissance et l'amour en Toi et autour de toi !

Accueille-toi dans cette peur de dénouer tes doigts cramponnés à ta prison. Courage, bel enfant de Lumière ! Tu verras comme c'est beau de l'autre côté de l'ignorance et de la peur !

Puisses-tu Me rejoindre dans la certitude que Tu Es aimé.

La grande abondance

Ne te referme point sur ces mots en croyant qu'ils sont «trop» prometteurs! Rappelle-toi les paroles de tes parents, tes professeurs ou ton entourage! Il te fut enseigné que le strict nécessaire était ce qu'il te fallait et qu'il était plus louable, aux yeux de Dieu, que tu sois pauvre et petit, effacé et oublié!

Maintenant, tu sais que tu as le pouvoir de transformer ta pensée et ta vision. Dieu veut pour toi le meilleur dans tous les domaines de ta vie. La santé, la joie, la prospérité, l'amour, la vie en abondance! Accorde-toi, en pensée d'abord, ce que tu souhaites recevoir!

Quelqu'un,
quelque part,
a besoin de toi!

Tu manifestes souvent ton désir d'avoir quelqu'un pour toi, pour répondre à tes besoins, pour t'apporter ce qui te manque. Comme je t'aime! Ce qui te manque, donne-le! Ne cherche pas celui ou celle qui comblera ton manque. Cherche celui ou celle qui a davantage besoin d'être accompagné en ce moment même. Rends-toi disponible à l'autre, celui qui souffre plus que toi encore!

Ainsi ton coeur sera comblé, rempli d'amour! Voilà la clé de l'ouverture du Coeur.

Amour et Partage

Appel au service

Un grand courant de Lumière vibre autour de ton corps! Sois conscient de ce que tu transportes et transmets par chaque cellule de ton corps, de ton Esprit et de ton âme. Voici venu pour toi le temps de l'action. Sois confiant et accueille-toi dans chaque étape de cette merveilleuse transformation. Vous formez une chaîne d'amour et de Paix. Empressez-vous de vous donner la main, de vous rallier pour que cette chaîne d'Amour soit complètement formée, dans les Forces du Bien, pour la guérison de la Terre et de l'Humanité.

Ne dormez plus.

Choisissez vos outils et entrez dans le Service.

Les relations humaines

La grande merveille de la découverte de l'autre partie de Soi est que plus jamais tu ne te sentiras seul, donc plus jamais tu ne te manifesteras de relations indésirables pour combler le vide en toi. Plus nous serons consciemment unis, plus tu attireras vers toi les êtres capables de t'aimer, de te respecter, de te grandir. Les relations amoureuses sont souvent masquées par une grande dépendance affective... pour savoir si tu es en relation d'amour véritable, demande-toi si tu peux vivre heureux sans l'autre... ta réponse sera la réponse à cette question! Assure-toi d'être vrai face à Moi – car je connais tout de toi!

Épilogue

Reflet du lac

Je suis assise à ma fenêtre devant ce merveilleux lac sur lequel se glisse doucement le soleil pour aller briller ailleurs.

Je ne connais personne qui ne s'émerveille pas devant un coucher de soleil.

Si nous pouvions regarder la mort comme un soleil qui se glisse derrière nos yeux pour aller briller ailleurs.

Si nous vivions comme le soleil, rayonnant pour tous sans rien attendre, poursuivant notre course autour de la terre dans le cercle de l'Éternité. Comme il serait doux pour notre âme que nous la laissions parcourir ses cycles de vie.

Et pour les âmes que nous aimons, si nous savions nous émerveiller devant leur disparition comme nous le faisons devant le soleil qui se retire, sachant tout naturellement qu'il repassera et qu'il reviendra réchauffer nos cœurs à nouveau.

Peut-être avons-nous oublié que nous sommes, à l'instar du soleil, une créature céleste qui n'a pour mission que d'être au service de toutes les autres vies, contribuant naturellement à la Danse de la Vie, à l'Hymne de l'Amour, au Requiem Divin. Si nous connaissions le Soleil que nous sommes…!

Ce soir je me glisse dans ma trajectoire et je laisse la Vie me guider.